대학·청년부 예배 대표기도문

대학·청년부 예배 대표기도문

초판 1쇄 발행 | 2015. 8. 30
초판 1쇄 인쇄 | 2015. 8. 30
지은이 | 정신일
펴낸 이 | 정신일
펴낸 곳 | 크리스천리더
편 집 | 성주희
교 정 | 이지선
일부 총판 | 생명의 말씀사 (02) 3159-7979
등 록 | 제 2-2727호(1999. 9.30)
주 소 | 부천시 원미구 중동 1289번지 팰리스카운티 아이파크상가 3층
전 화 | (032) 342-1979
팩 스 | (032) 343-3567
도서 출간 상담 | E-mail:chmbit@hanmail.net
Homepage | cjesus.co.kr/juwana.co.kr

ISBN : 978-89-6594-157-6 03230

정가 : 6,800원

저자와의 협약 아래 인지는 생략되었습니다.
이 출판물은 저작권법에 의해 보호받는 창작물이므로, 무단 복제와 무단전재를 할 수 없습니다.

■ 잘못된 책은 구입하신 곳에서 바꿔드립니다.

'대학 청년부를 살리는 주옥같은 114편의 대표기도문'

대학·청년부예배 대표기도문

정신일 목사

CLS 크리스천리더

머리말

청년부 예배가 없어지고, 청년 예배가 있어도 소수의 청년들이 참여하는 대부분의 현실교회에서 활기찬 청년다운 예배와 부흥을 이루려면 가장 절실하고 시급한 것이 무엇인가?
여러가지로 그 이유와 답을 제시할수 있겠지만 먼저 기본으로 돌아가려는 노력이 필요하다고 생각한다.

교회가 교회다우면 된다. 예배가 예배다우면 된다. 기도가 본래 목적대로 하나님께 전달되면 되는 것이다. 기본으로 돌아가지 못하니 냉랭하고 형식적인 예배가 되어가고 있는 것이다.

특별히 청년시기의 예배는 가장 뜨거운 열망과 간구의 시간이 되어야 한다.
예배를 통해 하나님께 온전한 제사를 드리고 예배를 통해 새힘과 비전을 얻도록 힘써야 한다.
이런 예배순서 중 대표 기도의 시간은 하나님께 가장 직접적인 간구의 순서임을 잊지말자.

단 몇분의 기도지만 하나님께 진정으로 마음속 진실을 담아 드린다면 하나님과 회중에게 큰 감동으로 다가올 것이다.

대표기도자의 기도를 듣고 '아멘'으로 화답함하는 청년들이 더 많아질 수 있도록 혼신을 다해 준비하자. 이 기도문은 부흥하는 청년부 예배를 돕는 은혜와 간구의 시간을 채워가리라 확신한다.

[대표 기도자의 기본 자세]

1. 대표기도 담당자는 기도문을 작성하고 먼저 온전한 간구의 기도가 되도록 기도로 대표기도를 준비한다.

2. 모든 기도의 내용은 분명한 목적을 가지고 해야한다. 잘 짜인 간구의 기도는 회중에게 새힘과 소망을 준다.

3. 모든 간구는 훌륭한 형식을 갖추어야 한다. 그 형식은 간단하고, 명확하고, 직접적이고, 상냥하고, 문학적인 구문이어야 한다.

4. 기도는 하나님께 온전히 드려져야 하고 중언부언해서는 안 된다.

5. 가급적 쉬운 언어로 정확한 발음으로 드려야 한다. 물론 하나님은 다 아시지만 회중도 모든 기도의 내용을 알고 정확하게 이해해야 한다. 그래서 발음과 사용되는 용어가 중요한 것이다.

2015년 8월
기쁨의 교회 담임 정신일 목사

차례

머리말 · 4
간결한 기도에 함축된 간구 · 6

1. 대학·청년부 예배 52주 주제별 대표기도문

1월 | 예배
예배 가운데 임재하시는 하나님 · 14
온전한 예배자가 되게 하소서 · 16
신령과 진정으로 예배하게 하소서 · 18
겸손함으로 드리는 예배 · 20

2월 | 비전
그리스도의 증인된 삶을 살게 하소서 · 22
우리의 삶에 늘 동행하여 주소서 · 24
주의 말씀에 순종하게 하소서 · 26
새벽이슬같은 주의 청년되게 하소서 · 28

3월 | 경배
늘 감사하는 삶 · 30
주님과 동행하는 행복한 삶 · 32

하나님의 일에 헌신하는 삶 · 34
행하는 삶 · 36
순종하는 삶 · 38

4월 | 삶 속에서 드리는 헌신
말씀을 실천하는 삶 · 40
주님을 사모하는 마음 · 42
청년의 때에 헌신하게 하소서 · 44
말씀으로 분별하게 하소서 · 46

5월 | 찬양
겸손한 마음으로 찬양하게 하소서 · 48
순종의 삶 · 50
주님을 즐거워하게 하소서 · 52
호흡이 있는 자마다 찬양 · 54

6월 | 세대를 본받지 않는 마음
마음 지키기 · 56
세상이 줄 수 없는 평안 · 58
하나님만 바라는 삶 · 60
좋은 이성 교제 · 62
주님만 의지하는 삶 · 64

7월 | 감사
매일 감사하는 마음으로 살아가기 · 66

아름다운 자연을 주심에 감사 · 68

모든 일에 감사 · 70

범사에 감사 · 72

8월 | 그리스도인의 삶
사랑이 가득한 삶 · 74

헌신하는 삶 · 76

용서하는 삶 · 78

선한 마음을 품는 삶 · 80

하나님을 찾는 삶 · 82

9월 | 교회 부흥
영혼 구원을 위해 · 84

개척교회 부흥을 위해 · 86

우리 교회 부흥을 위해 · 88

한인교회를 위해 · 90

10월 | 눈, 귀, 입, 마음의 금식
보는 눈 금식 · 92

듣는 귀 음식 · 94

말하는 입 금식 · 96

마음을 금식 · 98

11월 | 소원 간구
믿음으로 기도 · 100
기대하며 맡김 · 102
믿음의 기다림 · 104
놓지 않는 신뢰 · 106
선한 소원 · 108

12월 | 소망
주님만이 소망 · 110
소망을 이루는 과정 속에서 · 112
주님의 청년으로 · 114
새해소망 · 116

2. 대학·청년부 예배 헌금을 위한 대표기도문

1. 하나님께서 열납하시는 제물 · 120
2. 주께 받은 모든 것 · 120
3. 부요케하시는 하나님 · 121
4. 손을 펴신 하나님 · 121
5. 주님께 받은 은혜 · 122

6. 긍휼을 베푸시는 하나님 · 122
7. 부족함 없으신 나의 주 · 123
8. 풍족케하신 하나님 · 123
9. 드릴 수 있음에 감사 · 124
10. 모든 것을 드릴 수 있음에 감사 · 124
11. 지키시고 보호하시는 주 · 125
12. 찬양받기 합당하신 이름 · 125
13. 여호와의 이름에 합당한 영광 · 126
14. 만유의 주인 · 126
15. 우리의 향유옥합 · 127
16. 여호와의 얼굴 · 127
17. 주를 위하여 펴는 손 · 128
18. 초장의 양 떼와 골짜기의 곡식 · 128
19. 기쁨으로 드리는 예물 · 129
20. 풍성케하신 하나님 · 129
21. 보호하심의 은혜 · 130
22. 주님의 인자하심 · 130
23. 구별해서 드리는 예물 · 131
24. 채우시는 하나님 · 131
25. 약속을 갚은 은혜 · 132
26. 받으시는 예물 · 132
27. 심은대로 거두게 하심 · 133
28. 때에 따라 내리시는 비 · 133

29. 자원하여 드리는 예물 · *134*
30. 한량없는 은혜 · *134*

3. 대학 · 청년부 예배 셀 모임을 위한 대표기도문

1. 평강의 하나님 · *136*
2. 우리의 예배를 원하시는 하나님 · *138*
3. 우리의 길을 인도하시는 하나님 · *140*
4. 생명의 말씀되신 하나님 · *142*
5. 우리의 영원한 기쁨 되시는 하나님 · *144*
6. 합력하여 선을 이루시는 하나님 · *146*
7. 우리가 의뢰하는 하나님 · *148*
8. 가난한 마음을 보시는 하나님 · *150*
9. 성령으로 하나되게 하시는 하나님 · *152*
10. 오래 참으시는 하나님 · *154*

4. 대학 · 청년부 예배 심방을 위한 대표기도문

1. 하나님의 은혜와 긍휼과 평강(일반 가정축복) · *158*
2. 굳게 해야 할 부르심과 택하심(일반 가정축복) · *160*
3. 믿는 도리를 굳게 잡으라(일반 가정축복) · *162*

4. 영혼을 깨끗하게 하는 순종(일반 가정축복) · 164

5. 잠잠히 하나님만 바라라(일반 가정축복) · 166

6. 악한 일에서 건져내시는 주(새신자 가정축복) · 168

7. 거룩함에 이르는 열매(새신자 가정축복) · 170

8. 더러운 것에서 자신을 깨끗하게(새신자 가정축복) · 172

9. 기도하고 낙심하지 말라(기도하지 않는 자) · 174

10. 우리가 섬기는 하나님 여호와(가정의 평안) · 176

5. 대학·청년부 예배 중보기도와 특별기도문

1. 비전을 위한 기도(학업, 취직 등) · 180

2. 시간관리 · 182

3. 돈이 없어도 부족함이 없는 그리스도인의 삶 · 184

4. 배우자 기도 · 186

5. 직장 내 인간관계 · 188

6. 교회 내 인간관계 · 190

7. 새벽기도 · 192

8. 말씀 묵상(큐티) · 194

9. 중독(인터넷 등등…) · 196

10. 독서(독서의 중요성) · 198

1. 대학·청년부 예배
   52주 주제별 대표기도문

1월 1째주 | 예배

예배 가운데 임재하시는 하나님

"그의 백성을 인도하여 광야를 통과하게 하신 이에게 감사하라 그 인자하심이 영원함이로다"(시136:16)

참 좋으신 하나님, 이 새해 첫주를 하나님께 예배함으로 시작하게 해주셔서 감사합니다.
올 한 해도 늘 먼저 하나님께 예배드리는 예배자로 살게 하여 주옵소서.

지난 한 해를 돌아보면 하나님께서 우리 각자의 삶 가운데 놀라운 은혜를 베풀어 주셨건만 여전히 하나님 앞에 믿음으로 살지 못했던 부끄러운 모습들이 많았음을 고백하며 회개합니다.
연약하고 부족했던 모습은 모두 용서해주시고 우리에게 새 마음을 주셔서 이번 한 해는 더욱더 주님의 뜻대로, 그리고 주님을 위해서 살아갈 수 있도록 도와주시기를 원합니다.

이 시간 분주했던 마음들을 내려놓고 조용히 예배하며 하나님의 임재 가운데 나아갑니다. 오직 하나님만 바라보며 예배하오니 홀로 영광 받으시고 우리 가운데 임하여 주옵소서. 목사님께서 전해 주시는 말씀을 통해 하나님의 뜻을 잘 깨닫고 그 말씀대로 순종하는 데까지 나아가게 하옵소서.

저희를 이끌어가시는 목사님께 항상 성령 충만함을 주셔서 능력 있게 사역을 감당하게 도와주시고 목사님의 건강과 가정에도 늘 함께하여 주시기를 원합니다.

사랑이 많으신 하나님, 저희들이 올 한 해 각자 맡은 사역들이 있습니다. 이 일들을 주님의 뜻대로 잘 감당할 수 있도록 우리의 환경과 여건을 열어 주시고 지금의 마음으로 끝까지 헌신할 수 있도록 도와주시옵소서. 모든 것을 주님께 맡기고 감사드리며 예수님의 이름으로 기도드립니다. 아멘.

1월 2째주 | 예배

온전한 예배자가 되게 하소서

"나를 눈동자같이 지키시고 주의 날개 그늘 아래에 감추사 내 앞에서 나를 압제하는 악인들과 나의 목숨을 노리는 원수들에게서 벗어나게 하소서"(시 17:8,9)

참 좋으신 하나님, 언제나 우리를 눈동자처럼 보호해주시고, 사랑으로 품어주시는 은혜에 감사드립니다. 매일의 생활 속에서 늘 주님의 크신 은혜에 감사하며 살 수 있도록 도와주시옵소서.

지금, 우리 모두 예배의 자리에 앉아 있지만 우리가 어떤 모습으로 이 예배에 임하고 있는지 스스로를 돌아봅니다. 준비된 몸과 마음으로 나오기는 커녕 예배 시간마저 온전히 지키지 못하는 저희들의 모습을 회개합니다. 예배를 소중히 여기지 못했던 우리의 잘못을 용서해주시고, 예배에 대한 기대로 미리 나와 기도하며 준비하는 진실된 예배자가 되게 하여 주시옵소서.

오늘도 목사님께서 귀한 말씀을 선포하실 때 그 말씀에 능력을 더하셔서 듣는 우리의 삶이 새로워질 수 있게 도와주시고 이번 한 주, 한 달, 일 년, 아니 평생의 길을 인도해주실 등불과 빛으로 삼게 하여 주시옵소서.

이제 예배를 위해 수고하며 섬기는 찬양팀을 위해 기도합니다. 하나님께서 허락하신 은사와 재능으로 헌신하여 섬기는 저들에게 먼저 은혜를 주셔서 성령으로 충만하게 하시고 맡겨진 일을 기쁨과 감사로 잘 감당할 수 있게 도와주시옵소서.
저들로 성령 안에 하나가 되어 서로 지혜롭게 협력하게 하시고 그들과 우리가 함께 드리는 찬양을 통해 하나님 홀로 영광 받아주시옵소서. 모든 것에 감사드리며 예수님의 이름으로 기도드립니다. 아멘.

1월 3째주 | 예배

신령과 진정으로 예배하게 하소서

"왕이 여호와를 의지하오니 지존하신 이의 인자함으로 흔들리지 아니하리이다"(시 21:7)

참 좋으신 하나님, 한 주 동안 우리의 마음을 주관해 주셔서, 어떤 상황에도 요동하지 않고 주님만 바라볼 수 있게 해주신 크신 은혜에 감사드립니다. 주님만 의지하는 삶이 가장 복된 삶임을 다시금 깨닫게 되는 오늘 이 시간이 되게 하여 주시옵소서.

오늘도 예배드리기 위해 이곳에 나아왔으나 하나님이 보시기에 형편없는 우리의 예배 모습을 돌아보며 회개합니다. 가장 높으신 하나님께 예배드린다고 말은 하면서도 정작 예배에 집중하지 못한 채 흐트러지고 산만한 태도로 예배를 드리는 우리를 용서해주시옵소서. 하나님을 만나고자 하는 갈급한 마음으로 겸손하게 예배함으로 우리 모두 하나님께서 찾으실 만한 예배자로 서게 하여 주시옵소서.

이 시간 다시금 마음을 모아 조용히 하나님의 음성에 귀를 기울이오니 말씀하여 주시고, 그 말씀 속에서 우리 각자를 향한 하나님의 뜻을 새롭게 깨닫게 하여 주시옵소서.

지금은 특별히 오늘 처음 교회에 나온 형제, 자매를 위해 기도합니다. 낯선 환경에 잘 적응할 수 있게 해주시고 무엇보다 자신을 너무나 사랑하셔서 이곳으로 인도해주신 하나님의 놀라운 사랑을 꼭 만날 수 있게 도와주시기를 기도합니다.

먼저 믿은 우리들은 잃은 양을 찾은 목자의 마음으로 이들을 환영하며 관심과 사랑으로 섬길 수 있도록 도와주시옵소서.

모든 간구에 선하게 응답하실 것을 믿고 감사드리며 예수님의 이름으로 기도드립니다. 아멘.

1월 4째주 | 예배

겸손함으로 드리는 예배

"날마다 우리 짐을 지시는 주 곧 우리의 구원이신 하나님을 찬송할지로다(셀라)"(시 68:19)

사랑이 많으신 하나님, 우리의 삶 가운데 늘 동행하시고, 때로 우리가 지쳐 쓰러질 때면 우리의 짐까지 대신 져주시며 일으켜 주시는 은혜에 감사를 드립니다. 우리의 진정한 구원자 되시는 하나님께 영광과 찬송을 올려드립니다.

우리에게 허락하신 많은 만남 가운데 특별히 이렇게 귀한 목사님을 만나게 해주시고 목사님을 통해 주님을 더 깊이 알 수 있게 하심을 감사드립니다. 하나님께서 우리를 위해 귀한 사역자를 세워주셨건만 우리는 목이 곧고 마음이 굳어 주의 종과 선포되는 말씀 앞에 겸손하지 못했음을 고백하며 용서를 구합니다. 하나님께서 교회 안에 세우신 질

서와 권위에 순복하는 겸손함을 주시고, 더불어 선포되는 말씀을 내 경험과 주관적인 판단으로 걸러서 선택적으로 듣는 것이 아니라 모든 말씀을 하나님께서 우리 공동체와 나 자신에게 주시는 특별한 말씀으로 들을 수 있는 은혜를 허락하여 주시옵소서.

오늘 드리는 예배를 통해서 다시 한 번 주의 음성을 들을 수 있게 하시고 그 말씀이 우리의 중심에 뿌리내려 우리의 모든 삶을 다스리게 하여 주시옵소서.

이 시간, 우리의 청년공동체를 위해서 기도합니다. 믿음 안에서 하나가 되게 하여 주시되 서로 한 지체임을 기억하여 겸손한 마음으로 존중하고 섬길 줄 아는 사랑의 청년 공동체가 되기를 기도합니다. 또한 우리 모두가 이 공동체 안에서 하나님의 말씀과 기도로 강하게 훈련되어 세상에 거룩한 영향력을 끼치는 귀한 도구들로 쓰임받게 하여 주시옵소서. 오늘 예배를 온전히 하나님께 올려드리며 예수님의 이름으로 기도드립니다. 아멘.

2월 1째주 | 비전

그리스도의 증인된 삶을 살게 하소서

"만물이 그에게서 창조되되 하늘과 땅에서 보이는 것들과 보이지 않는 것들과 혹은 왕권들이나 주권들이나 통치자들이나 권세들이나 만물이 다 그로 말미암고 그를 위하여 창조되었고"(골 1:16)

참 좋으신 하나님, 모든 만물을 창조하시되 우리를 창조하시고 특별한 사랑을 부어주심에 감사합니다. 이 예배 가운데 충만하게 임하셔서 모든 것을 주관하여 주옵소서.

우리에게 날마다 새로운 날을 허락해주시는 은혜에 감사를 드립니다. 우리에게 주어진 하루하루가 모두 하나님의 선물인데 그 시간들을 마치 내 것인양, 내가 그 시간의 주인인양 나만을 위해서 사용하고 낭비하며 게으름 피웠던 모습을 돌아보며 회개합니다. 주어진 모든 시간들을 소중히 여기고 아껴 하나님의 영광을 위해 사용하는 지혜로운 시간의 청지기가 되게 하여 주시기를 원합니다.
지금의 예배 시간도 오직 하나님만 바라보며 예배함으로 온전히 하나님께 드리는 시간이 되기를 기도합니다. 영과 진리로 예배 드리오니 이곳에 임하셔서 우리의 예배를 기쁘게 받아주시옵소서.

이 시간 이 나라의 청년들을 위해서 기도합니다. 현재의 젊음을 과신하여 어리석게 낭비하지 않고 더 넓게 더 멀리 세상을 보는 안목으로 비전을 가지고 미래를 성실하게 준비하는 우리 젊은이들이 되게 하여 주시옵소서.
올바른 가치관과 정당한 방법으로 자신의 비전을 향해 달려가게 하시고 그 과정 중에 혹 좌절과 절망의 늪이 있을지라도 인내로 잘 헤쳐나오며 오히려 이를 통해 더 성숙한 사람으로 성장해 갈 수 있도록 도와주시기를 원합니다. 이를 통해 하나님의 살아계심을 증거할 수 있도록 도와주시옵소서. 우리의 모두 간구에 응답하실 것을 믿으며 예수님의 이름으로 기도드립니다. 아멘.

2월 2째주 | 비전

우리의 삶에 늘 동행하여 주소서

"새가 날개 치며 그 새끼를 보호함같이 나 만군의 여호와가 예루살렘을 보호할 것이라 그것을 호위하며 건지며 뛰어넘어 구원하리라 하셨느니라"(사 31:5)

참 좋으신 하나님, 지난 한 주 동안도 삶의 매 순간마다 동행해주시고, 그 크고 안전한 날개 아래 우리를 품어주시며 보호하여 주심을 감사드립니다. 일평생 그 은혜의 날개 아래 머무르는 복을 누릴 수 있도록 도와주시옵소서.

우리를 너무도 잘 아시는 하나님, 각자에게 맞는 역할과 책임을 허락하여 주시고 그를 통해 하나님과 사람들을 섬길 수 있는 기회를 얻게 하시니 감사를 드립니다. 그러나 때로 우리는 주어진 책임과 기회를 가볍게 여기고 불평하며 불성실하고 무

책임하게 대할 때가 많았음을 고백합니다. 우리의 부족함과 어리석음을 용서하여 주시고, 교회 뿐만 아니라 세상에서의 맡겨진 일도 늘 착하고 충성된 종이 되고자 하는 마음으로 감당하게 하여 주시옵소서.

이 시간 정성을 모아 하나님께 예배합니다. 사모하는 각 심령 위에 임하셔서 하나님과 만나는 은혜를 누리게 하여 주시고, 선포되는 말씀을 통해 우리의 삶을 새롭게 결단하는 시간이 되게 하여 주시옵소서.

지금은 일련의 학업 과정을 마치고 새롭게 출발하는 형제 자매들을 위해 기도합니다. 하나님께서 앞으로 새롭게 펼쳐질 인생 가운데에도 동일하게 함께해주실 것을 믿으며 감사를 드립니다. 혹 불안정한 미래에 대한 두려움과 불안으로 힘겨워하는 지체가 있다면 세상 끝날까지 우리와 동행하시겠다고 약속하신 하나님의 약속을 붙들 수 있도록 도와주시기를 원합니다. 모든 것을 맡기며 예수님의 이름으로 기도드립니다. 아멘.

2월 3째주 | 비전

주의 말씀에 순종하게 하소서

"내가 하나님을 의지하고 그 말씀을 찬송하옵지라 내가 하나님을 의지하였은즉 두려워하지 아니하리니 혈육을 가진 사람이 내게 어찌하리이까"(시 56:4)

사랑이 많으신 하나님, 하나님께서 우리에게 베풀어주신 그 크신 사랑으로 인하여 어떤 상황 속에서도 찬양할 수 있게 해주시니 참 감사를 드립니다.

이 시간, 우리의 부끄러운 모습을 주님 앞에 내려놓습니다. 작은 시험과 유혹 앞에서도 믿음은 온 데간데 없고 힘없이 주저 앉아버리는 우리의 나약함과 크고 작은 실패 앞에서 소망이 되시는 주님을 바라보지 못한 채 쉽게 절망하는 우리의 믿음 없는 모습을 회개하오니 용서하여 주시옵소서. 우리를 향한 하나님의 사랑이 얼마나 큰지 다시 한 번 깨닫고 그 사랑을 의지하여 어떤 상황 속에서도 믿음으로 살 수 있기를 기도합니다.

오늘 우리가 드리는 이 예배 가운데 임하셔서 성령으로 충만하게 하여 주시고, 우리의 걱정, 근심 모두 주님께 내려놓고 잠잠히 주님만 바라보는 시간이 되게 하여 주시옵소서. 말씀을 전하실 목사님께 능력과 지혜를 더해주시고, 듣는 우리들은 그 말씀으로 힘을 얻어 세상을 향해 담대하게 나아갈 수 있도록 인도하여 주시옵소서.

하나님, 유혹 많은 세상 속에 살아가는 우리 청년들을 특별히 붙잡아주시기를 원합니다. 무엇보다 우리 마음을 지켜 하나님 앞에 순결한 신부로 살 수 있도록 도와주시되, 뱀에게 주신 지혜로움도 겸하여 허락하셔서 험한 세상을 믿음으로 살아 나갈 수 있는 청년들이 되게 하여 주시옵소서.
모든 간구를 하나님의 뜻대로 이루실 것을 믿으며 예수님의 이름으로 기도드립니다. 아멘.

2월 4째주 | 비전

새벽이슬같은 주의 청년되게 하소서

"주의 권능의 날에 주의 백성이 거룩한 옷을 입고 즐거이 헌신하니 새벽 이슬 같은 주의 청년들이 주께 나오는도다"(시 110:3)

참 좋으신 하나님, 우리를 사랑하셔서 항상 선한 길로 인도해주시는 은혜에 감사드립니다. 늘 하나님의 인도하심 가운데 하나님의 형상을 닮아가길 소망합니다.

그러나 우리의 삶이 하나님의 말씀을 가까이하기보다 우리의 흥미를 자극하는 것을 더 좋아하고, 기도로 하나님과 교제하기보다 사람들을 더 의지하고 그들에게 이끌려 다니며 그리스도인의 정체성을 잃어버렸던 것을 용서하여 주시옵소서.

하나님께서 우리에게 기대하시는 그 아름다운 형상을 회복할 수 있도록 도와주시기를 기도합니다.

이 시간에 예배하며 하나님의 얼굴을 구할 때 우리 가운데 임하여 주시고, 예배를 통해 우리의 일그러진 모습이 조금씩 하나님의 형상으로 회복될 수 있게 하여 주시옵소서. 온전히 하나님을 향한 마음으로 드리는 시간이 되게 하여 주시옵소서. 말씀 전하실 목사님과 함께하여 주셔서 말씀이 생명력 있게 증거 되게 하여 주시고 듣는 저희들은 순전한 마음으로 모든 말씀을 받아들이며 순종하는 데까지 나아가게 하여 주시기를 원합니다.

하나님, 특별히 여기 머리 숙인 청년들 모두가 하나님을 향한 비전을 품고 나아가게 하여 주시기를 기도합니다. 하나님 나라와 영광을 위한 거룩한 비전을 품게 하여 주시옵소서. 실력과 영성을 겸비하여 세상에 거룩한 영향력을 끼칠 수 있는 위대한 하나님의 사람으로 우리 모두를 사용하여 주시기를 간절히 원합니다. 이를 위해 지금 주어진 매일의 삶에도 충실할 수 있도록 도와주시옵소서. 모든 것을 주님께 의탁하며 예수님의 이름으로 기도드립니다. 아멘.

3월 1째주 | 경배

늘 감사하는 삶

"감사함으로 그의 문에 들어가며 찬송함으로 그의 궁정에 들어가서 그에게 감사하며 그의 이름을 송축할지어다"(시 100:4)

참 좋으신 하나님, 우리를 사랑하셔서 하나님의 자녀 삼아 주시고 오늘도 하나님의 전으로 나아와 예배드릴 수 있도록 불러주시니 감사를 드립니다. 이 시간, 진정한 감사와 찬송으로 예배하오니 이곳에 임하시고 홀로 영광 받으시옵소서.

하나님, 예배드리며 하나님 앞에 나아갈 때는 우리 입에 감사가 가득하지만 실제 매일의 삶 가운데서는 감사는커녕 매사에 크고 작은 불평과 불만으로 가득한 우리들의 죄악 된 모습을 고백하며 회개합니다. 눈에 보이는 많고 적음이나 있고 없음, 높고 낮음에 따라 변하는 감사가 아니라, 또 상대방과의 비교에서 오는 얄팍한 감사가 아니라 어떤 상황 가운데서도 한결같이 감사할 수 있는 믿음을 허락해주시길 원합니다.
이 시간에 하나님을 사랑하는 자들이 모여 겸손히 예배드리오니 이곳에 좌정하셔서 영광받으시고 모인 우리들에게는 한없는 은혜가 넘치게 하여 주시옵소서. 하나님께서 세우신 목사님을 통해 우리 각자에게 꼭 필요한 말씀을 허락해주시고 그 말씀을 믿음으로 받아들여 순종할 수 있도록 도와주시기를 원합니다.

하나님, 여기 모인 우리가 이곳에서만 아니라 세상에 나가서도 하나님을 경외하는 사람으로 살아갈 수 있기를 원합니다.
우리가 어디에 있든지 늘 하나님의 임재를 의식하고 경배하며 찬양하게 하여 주시고, 가정, 직장, 학교 어디에서든지 항상 말과 행동으로 하나님의 사람임을 드러내고 예수님을 전하는 삶을 살 수 있도록 도와주시옵소서. 사랑이 많으신 예수님의 이름으로 기도드립니다. 아멘.

3월 2째주 | 경배

주님과 동행하는 행복한 삶

"아버지여 창세 전에 내가 아버지와 함께 가졌던 영화로써 지금도 아버지와 함께 나를 영화롭게 하옵소서"(요 17:5)

사랑이 많으신 하나님, 지난 한 주간도 우리의 매일의 삶 가운데 동행하여 주시고 선한 길로 인도하여 주셔서 감사를 드립니다. 늘 하나님과 함께 걷는 기쁨이 가득한 인생길이 되도록 인도하여 주시옵소서.

지난 한 주간 우리들은 곁에서 늘 동행하시는 하나님을 외면한 채 우리의 생각대로, 우리의 길로 나아갔음을 고백합니다. 우리의 영적인 눈을 환히 밝혀주셔서 언제나 우리와 동행하시는 하나님을 쉼 없이 바라볼 수 있도록 도와주시기를 원합니다. 그래서 매순간 하나님과 동행하며 인도하시는 길을 기쁘게 따라갈 수 있도록 도와주시옵소서. 오늘도 하나님께서 목사님을 통해 우리에게 허락하실 말씀을 기대하며 우리의 마음을 하나님께 드리오니 하나님께서 친히 우리 각 사람에게 말씀하여 주시옵소서. 주시는 말씀을 잘 깨달을 수 있도록 성령께서 지혜를 주시고 깨달은 말씀을 삶 가운데 반드시 실천할 수 있는 믿음도 허락하여 주시기를 원합니다.

하나님, 악해져가는 세상에 물들지 않도록 항상 기도로 깨어 있는 우리 청년들이 되게 하여 주시기를 원합니다. 하나님께서 기뻐하시는 일과 아닌 것을 명확히 구분해낼 수 있는 분별력을 주셔서 악한 것에 미혹되지 않고 옳은 것을 고집스럽게 지켜낼 줄 아는 참 믿음을 허락하여 주옵소서. 기도 외에는 그러한 하나님의 능력을 힘입을 수 있는 방법이 없음을 깨닫고 무릎으로 사는 그리스도인 청년이 되게 하여 주시옵소서. 오늘도 우리의 간구에 응답하실 하나님께 감사드리며 예수님의 이름으로 기도드립니다. 아멘.

3월 3째주 | 경배

하나님의 일에 헌신하는 삶

"그가 사모하는 영혼에게 만족을 주시며 주린 영혼에게 좋은 것으로 채워주심이로다"(시 107:9)

사랑이 많으신 하나님, 오늘도 우리를 하나님의 전으로 불러주셔서 하나님만 바라보며 예배하게 하여 주시니 감사를 드립니다.

한 주간의 우리의 삶을 돌아보며 하나님의 일에 대해 불성실했던 우리의 잘못을 회개합니다. 세상일에 대해서는 많은 노력과 열심을 기울였지만, 정작 하나님의 일에 대해서는 늘 게으르고 나태했던 것을 용서하여 주시옵소서. 하나님께서 우리 삶의 주인이심을 깨닫고 하나님의 종답게 하나님의 일을 우리 삶의 우선순위로 두고 살아가게 하여 주시기를 원합니다.

오늘 예배 가운데 임재하여 주셔서 하나님의 놀라운 은혜와 사랑으로 다시금 충만하게 하여 주시고, 그 은혜에 감격하여 우리의 삶을 하나님 앞에 산 제물로 드릴 수 있기를 원합니다. 목사님께서 전해주시는 귀한 말씀을 통해 지금 여기에 머리 숙인 우리 각자를 향한 하나님의 거룩한 뜻을 발견할 수 있도록 도와주시고 그 부르심과 소명 앞에 헌신하게 하여 주시옵소서.

하나님, 이 시간 특별히 교회에서 여러 사역들을 맡아 섬기고 있는 지체들을 위해서 기도합니다. 모두 각자의 은사와 직분대로 잘 감당할 수 있도록 능력과 지혜를 더하여 주시되 항상 기쁨과 감사함으로 임하게 하여 주시고 늘 맡겨진 사역을 위해 기도하며 성령의 도우심 가운데 그 모든 것을 감당함으로 하나님께서 귀하게 쓰시는 지체들이 되게 하여 주시옵소서. 우리의 신음 소리에도 응답하시는 사랑이 많으신 예수님의 이름으로 기도드립니다. 아멘.

3월 4째주 | 경배

행하는 삶

"내게 줄로 재어 준 구역은 아름다운 곳에 있음이여 나의 기업이 실로 아름답도다"(시 16:6)

참 좋으신 하나님, 만물이 새 생명을 얻어 소생하는 이 아름다운 계절에 창조주 하나님의 놀라운 섭리를 바라보며 영광과 찬양을 올려드립니다. 하나님께 찬양과 예배를 드릴 수 있게 하여 주시니 감사를 드립니다.

하나님의 특별한 사랑을 받았건만 그 사랑에 부응하기는커녕 마치 하나님을 모르는 사람처럼, 또 믿음 없는 사람들과 별반 다를 바 없게 살아온 우리들의 잘못을 돌아보며 회개하오니 용서하여 주시옵소서. 행함 없이 우리의 뜻대로 살아가던 길에서 돌이켜 우리가 받은 사랑과 믿음을 행함을 통해 증거 하며 예수 그리스도의 참 증인으로 살아갈 수 있도록 도와주시기를 원합니다.
이 시간, 하나님과의 깊은 만남을 기대하며 예배 가운데로 나아갑니다. 성령 하나님께서 이곳에 충만하게 임하여 주시고 각 사람에게 세밀한 음성으로 말씀하여 주시옵소서. 또한 들려지는 말씀을 통해 자신의 삶을 돌아보며 하나님의 뜻대로 살기로 결단하는 시간이 되게 하여 주시옵소서.

하나님, 지금 우리의 예배가 삶의 현장까지 연결되기를 원합니다. 세상으로 나가서도 하나님을 의식하며 착하고 의롭고 진실한 행동으로 하나님께 영광 돌리며 살아갈 수 있게 하여 주시옵소서. 우리의 삶의 모습을 통해 사람들이 하나님이 어떤 분이신지 알게 되고 하나님께 나아오게 되는 은혜가 있게 하여 주시옵소서. 우리의 힘과 지혜만으로는 할 수 없으니 하나님께서 연약한 우리를 강하게 붙들어 주시기를 원합니다. 늘 좋은 길로 우리를 인도해주시는 예수님의 이름으로 기도드립니다. 아멘.

3월 5째주 | 경배

순종하는 삶

"너희가 내게 부르짖으며 내게 와서 기도하면 내가 너희들의 기도를 들을 것이요"(렘 29:12)

참 좋으신 하나님, 저희와 동행하시며 지켜주신 은혜와 사랑에 감사를 드립니다. 언제나 우리 곁에 계시며 우리의 간구에 응답하시는 하나님의 무한하신 사랑을 힘입어 항상 믿음과 감사로 살아가게 하여 주시옵소서.

하나님, 하나님의 뜻대로 살기를 원한다고 늘상 고백하지만 그만큼 기도하지는 않는 우리의 거짓된 모습을 회개하오니 용서하여 주시옵소서.
하나님 앞에 늘 무릎 꿇는 삶을 통해 하나님과의 교제가 날로 깊어지게 하여 주시고, 그렇게 기도하면서 하나님의 뜻을 깨닫고 그 뜻대로 살아갈 능력도 힘입게 하여 주시옵소서.

이 시간, 분주했던 우리의 생각과 마음을 잠시 내려놓고 오직 하나님께 집중하며 예배하기 원합니다. 영과 진리로 예배드리오니 우리의 예배를 받아주시고 큰 은혜를 내려주시옵소서. 말씀을 선포하실 목사님과 함께하셔서 그 말씀에 능력을 더하여 주시고, 우리들의 마음밭을 좋은 밭이 되게 하여 주셔서 잘 듣고 순종함으로 열매 맺는 데까지 나아가게 하여 주시옵소서.

하나님, 여기 모인 우리 청년들이 기도의 사람이 되게 하여 주시기를 원합니다. 모든 일의 시작에 앞서 하나님 앞에 엎드려 하나님의 뜻을 구하고, 고난과 어려움 중에도 낙심하지 않고 하나님의 이름을 부르며 그 보좌 앞으로 나아가며, 행여 기도의 응답이 늦어져도 인내로 기도하며 기다리는, 그런 기도의 사람이 되게 하여 주시옵소서. 일평생 겸손하게 무릎으로 사는 그리스도인들이 되게 하여 주시옵소서. 우리의 간구에 응답하시는 예수님의 이름으로 기도드립니다. 아멘.

4월 1째주 | 삶 속에서 드리는 헌신

말씀을 실천하는 삶

"오직 강하고 극히 담대하여 나의 종 모세가 네게 명령한 그 율법을 다 지켜 행하고 우로나 좌로나 치우치지 말라 그리하면 어디로 가든지 형통하리니"(수 1:7)

사랑의 주님, 거룩한 주일에 모든 청년들이 이 예배 시간을 기억하고 함께 나아와 한 마음으로 하나님께 찬양과 경배를 드리게 하시니 감사를 드립니다. 이곳에 임하셔서 우리의 예배를 받아주시고 큰 은혜를 내려주시옵소서.

하나님, 예배를 통해 늘 하나님의 거룩한 뜻을 깨닫고 그 말씀대로 살기를 결단하며 교회 문을 나서지만 세상으로 돌아가면 이내 그 결심과 다짐들을 잊어버린 채 그저 우리 방식대로 살아가고 있는 모습을 돌아보며 회개합니다.

우리의 잘못을 용서하여 주시옵소서. 주야로 말씀을 묵상하면서 그 말씀대로 실천하며 살아갈 수 있도록 도와주시기를 원합니다.

이 시간 마음과 뜻과 정성을 모아 오직 하나님께 예배하오니 홀로 영광 받으시고 우리 가운데 거룩한 영으로 임재하여 주시옵소서. 세우신 귀한 목사님을 성령으로 충만하게 하여 주셔서 선포되는 말씀을 통해 우리의 심령이 새롭게 되는 은혜가 있기를 원합니다.

하나님, 우리의 삶의 자리가 하나님의 말씀을 실천하는 장소가 되게 하여 주시기를 기도합니다. 삶의 순간마다 하나님의 말씀이 기억나게 해주셔서 그대로 순종할 수 있게 도와주시옵소서.

우리의 순종으로 인해 세상 사람들이 하나님을 알 수 있게 되기를 원합니다. 또한 때를 얻든지 못 얻든지 복음을 전함으로 많은 사람들을 생명으로 인도하는 일꾼들이 되기 원합니다. 항상 저희를 지키시고 인도하시는 예수님의 이름으로 기도드립니다. 아멘.

4월 2째주 | 삶 속에서 드리는 헌신

주님을 사모하는 마음

"내 눈이 주의 구원과 주의 의로운 말씀을 사모하기에 피곤하니이다"(시 119:123)

사랑이 많으신 하나님, 지난 한 주간도 지켜 보호하여 주시고 거룩한 하나님의 전에 나아와 예배드릴 수 있게 해주셔서 감사드립니다. 이 시간, 우리의 마음을 받아주시고 큰 은혜로 우리 가운데 임하여 주옵소서.

우리의 힘과 도움과 방패가 되어주시겠다고 약속하신 하나님, 그 귀한 약속을 믿으면서도 사람과 권력과 물질을 먼저 의지했던 것을 고백하며 회개합니다. 우리의 교만과 믿음 없음을 불쌍히 여기시고 용서하여 주시옵소서. 어떤 문제를 만나더라도 견고한 요새가 되시는 하나님을 바라봄으로 넉넉히 이겨내는 강한 그리스도인 청년들이 되게 하여 주시기를 원합니다.

오늘도 우리 모임 가운데 함께해주셔서 하나님과 교통하는 예배가 되게 해주시고, 우리의 의지가 되시는 하나님을 다시금 바라보게 되는 시간이 되게 하여 주시기를 원합니다. 목사님이 전해주시는 말씀을 통해 죄인이 자신의 죄를 회개하고, 믿음이 약한 사람이 강하여지며, 절망과 낙심 중에 있는 사람이 새 힘을 얻게 되는 역사가 나타나게 하여 주시옵소서.

하나님, 지금은 특별히 우리 청년 공동체의 하나 됨을 위해 기도합니다. 하나님의 눈으로 서로를 바라보며 그 안에서 존귀한 하나님의 형상을 발견하게 도와주시고, 진심으로 서로를 세워주고 격려하며 하나님이 기뻐하실 만한 사랑의 공동체로 성장해가도록 도와주시옵소서. 힘한 세상에서 서로가 믿음의 동지가 되어 함께 믿음의 길을 걸어갈 수 있기를 원합니다. 우리의 삶을 선한 길로 인도하시는 예수님의 이름으로 기도드립니다. 아멘.

4월 3째주 | 삶 속에서 드리는 헌신

청년의 때에 헌신하게 하소서

"청년이 무엇으로 그의 행실을 깨끗하게 하리이까 주의 말씀만 지킬 따름이니이다"(시 119:9)

사랑이 많으신 하나님, 그 크신 사랑으로 우리를 불러 주셔서 하나님의 자녀 삼아 주신 것을 감사합니다. 특별히 청년의 때에 하나님을 알게 하시고 하나님의 손에 붙들려 살아가게 하시니 더욱 감사를 드립니다.

하나님, 이 세대 특히 우리 청년의 때에 하나님의 뜻대로 살아갈 수 있는 방법은 오직 하나님의 말씀으로 우리의 삶을 정결하게 하는 것밖에 없다는 것을 알면서도 얄팍한 우리의 지식과 경험으로 살아가려고 했던 것을 용서하여 주시옵소서. 오직 하나님의 말씀을 지키고 따르는 그리스도인 청년이 되어 승리하는 삶을 살 수 있기를 원합니다.
두세 사람이 내 이름으로 모인 곳에 함께하시겠다고 말씀하셨사오니 이 시간 우리 예배 가운데 임하시고 우리의 찬양과 경배를 받아주시옵소서. 우리가 한 마음으로 하나님을 구하오니 우리를 만나 주시옵소서. 말씀 전하실 목사님께 성령 충만으로 함께하여 주시고, 듣는 우리들은 마음을 활짝 열어 각자에게 주시는 하나님의 음성을 듣게 하여 주시옵소서.

하나님, 이 시간 특별히 우리 청년들의 거룩함을 위해 기도합니다. 날마다 하나님 앞에 우리의 크고 작은 죄악들을 낱낱이 회개하여 용서받게 하여 주시고, 주야로 말씀을 읽고 듣고 묵상하고 암송함으로 우리의 삶이 정결해질 수 있도록 도와주시옵소서. 우리 각자가 회개와 하나님의 말씀으로 몸과 마음을 깨끗하게 함으로 마지막 날 그리스도의 순결한 신부로 부끄러움 없이 설 수 있기를 원합니다. 이 모든 말씀 감사드리며 예수님의 이름으로 기도드립니다. 아멘.

4월 4째주 | 삶 속에서 드리는 헌신

말씀으로 분별하게 하소서

"너는 진리의 말씀을 옳게 분별하며 부끄러울 것이 없는 일꾼으로 인정된 자로 자신을 하나님 앞에 드리기를 힘쓰라"(딤후 2:15)

사랑과 은혜가 풍성하신 하나님, 우리의 삶을 주관하시는 하나님을 찬양합니다. 이 시간, 예배를 사모하는 마음으로 모였사오니 이곳에 임하셔서 우리를 만나주시고 홀로 영광을 받아주시옵소서.

언제나 말씀으로 우리의 삶을 인도해주시는 하나님, 그 말씀의 깊은 뜻을 바르게 이해하지 못하여 때때로 자신에게 유리한 방식으로 해석하고 또 때로는 진리가 아닌 것에 미혹될 때가 많았음을 고백하며 회개하오니 용서하여 주시옵소서.

하나님의 말씀을 깨달아 오직 그 말씀이 인도하시는 길로만 갈 수 있도록 도와주시기를 원합니다.

이 시간, 우리의 마음을 모아 한 분 하나님께 예배하오니 기쁘게 받아 주시고 우리에게는 풍성한 은혜로 임하여 주시옵소서. 예배를 방해하는 악한 사단의 세력을 막아주셔서 오직 하나님께만 집중하는 예배가 되게 하여 주시고, 선포되는 말씀을 통해 하나님의 권고와 책망, 위로와 격려의 음성을 들음으로 우리의 영이 새로워지게 하여 주시옵소서.

하나님, 우리 청년들의 믿음을 말씀 위에 견고하게 세워주옵소서. 영원한 진리의 말씀 위에 굳건히 서서 세상의 어떤 풍조와 유혹과 시험 앞에서도 흔들리지 않고 오직 십자가만 바라보며 예수님이 가셨던 길을 담대하게 걸어갈 수 있도록 도와주시기를 원합니다. 오직 하나님의 말씀만을 우리 삶의 기준으로 삼아 그 인도하심을 따라 살아갈 때 하나님께서 기뻐하실 만한 열매들을 풍성히 맺는 복된 인생이 되게 하여 주시옵소서. 진리의 말씀으로 우리의 삶을 인도하시는 예수님의 이름으로 기도드립니다. 아멘.

5월 1째주 | 찬양

겸손한 마음으로 찬양하게 하소서

"겸손한 자에게 여호와로 말미암아 기쁨이 더하겠고 사람 중 가난한 자가 이스라엘의 거룩하신 이로 말미암아 즐거워하리니"(사 29:19)

사랑이 많으신 하나님, 지난 한 주간 우리와 동행하여 주시고 오늘도 귀한 예배로 불러주시니 감사드립니다. 우리가 처한 상황이나 형편과 관계없이 이 시간 마음 다하여 하나님을 찬양하고 경배할 때 홀로 영광 받으시고 우리에게는 하나님으로 인한 기쁨이 가득하게 하여 주시옵소서.

교만한 자를 물리치시고 겸손한 자를 가까이하시겠다고 말씀하신 하나님, 우리의 삶의 모습은 둘 중 어느 쪽과 더 가까운지 돌아보니 부끄러운 것뿐입니다. 만왕의 왕이시면서 우리를 구원하시기 위해 친히 인간의 몸으로 이 땅에 오셔서 십자가를 지셨던 예수님의 겸손을 우리가 배우게 하여 주시옵소서.

이 시간, 겸손히 하나님의 임재를 구하며 예배합니다. 우리 가운데 임하셔서 풍성한 은혜로 채워주시고 선포되는 말씀을 통하여 우리의 삶을 새롭게 결단할 수 있도록 도와주시옵소서.

하나님, 우리 청년들이 언제 어디서나 예수님처럼 겸손한 사람으로 살아가게 하여 주시기를 원합니다. 항상 하나님의 주권을 인정하며 그 앞에 머리 숙이고, 또 자신보다 상대방을 더 낫게 여겨 기꺼이 섬길 줄 아는 겸손의 사람이 되게 하여 주시옵소서. 그래서 우리에게 하나님을 닮아가는 기쁨이 가득하게 하여 주시고, 또 주위 사람들에게는 우리의 겸손한 모습으로 인해 하나님이 증거 되는 역사가 나타나기를 원합니다. 우리의 기도에 응답하시는 예수님의 이름으로 기도드립니다. 아멘.

5월 2째주 | 찬양

순종의 삶

"너희의 순종함이 모든 사람에게 들리는지라 그러므로 내가 너희로 말미암아 기뻐하노니 너희가 선한 데 지혜롭고 악한 데 미련하기를 원하노라" (롬 16:19)

참 좋으신 하나님, 우리에게 참 생명을 허락해 주시고 언제나 좋은 길로 인도해주시는 은혜에 감사를 드립니다. 오늘도 마음과 뜻과 정성을 다해 예배함으로 하나님을 만나는 귀한 시간이 되게 하여 주시옵소서.

하나님, 지난 한 주간 우리 삶의 모습을 돌아보며 우리의 불순종을 회개합니다. 말씀대로 살지 못했던 우리의 잘못을 용서하여 주시옵소서. 말씀에 순종하되 선한 일에는 지혜롭고 악한 일에는 미련하게 하여 주시기를 원합니다. 우리의 삶 가운데 아는 것과 믿는 것, 그리고 행하는 것이 하나가 될 수 있도록 인도하여 주시옵소서.

이 시간, 하나님의 자녀 된 기쁨과 감사로 하나님의 이름을 높여 드리며 예배하기 원합니다. 우리 모임 중에 임하셔서 홀로 영광 받으시고 큰 은혜를 부어주시옵소서. 귀한 목사님을 세우셨사오니 선포하시는 말씀에 능력을 더하여주시고 듣는 우리들에게는 잘 깨달을 수 있는 지혜와 그대로 행하고자 하는 믿음까지 허락해주시기를 원합니다.

제사보다 순종을 기뻐하시는 하나님, 우리 청년들의 삶 가운데 순종이 가득하길 원합니다. 하나님이 기뻐하시는 선한 일에는 누구보다 열심을 내지만 하나님이 미워하시는 악한 일에는 눈길조차 주지 않는 철저한 순종의 삶을 살게 하여 주시옵소서. 온전한 순종의 열매로 하나님을 기쁘시게 하는 우리 청년들이 되게 하여 주시옵소서. 우리의 기도에 응답하시는 예수님의 이름으로 기도드립니다. 아멘.

5월 3째주 | 찬양

주님을 즐거워하게 하소서

"내 영혼이 여호와는 즐거워함이여 그의 구원을 기뻐하리로다" (시 35:9)

사랑이 풍성하신 하나님, 우리의 영혼이 구원의 반석이신 하나님을 기뻐하며 예배하오니 이곳에 임하셔서 영광 받으시옵소서.

하나님, 오늘도 예배로 나아오기 전까지 우리의 삶 가운데 불평과 짜증과 원망이 가득했던 것을 고백하며 회개합니다. 하나님 한 분만으로 기뻐하며 살아가야 함을 알면서도 순간순간 주위 사람들과 자신을 비교하여 절망하고, 환경과 상황을 탓하며 원망했던 것을 용서하여 주시옵소서. 어떤 상황 가운데서도 우리의 영혼이 하나님 한 분만으로 만족하며 기뻐할 수 있기를 원합니다.

이 시간 하나님 앞에서 기뻐 춤추며 찬양했던 다

윗의 마음으로 하나님 앞에 나아가기를 원합니다. 우리의 마음을 활짝 열고 전심으로 하나님을 기뻐하며 예배드리오니 우리의 예배를 기쁘게 받아주시옵소서. 하나님의 말씀을 대언하실 목사님과도 함께해주셔서 말씀을 통해 하나님의 능력이 나타나게 하여 주시고 그 말씀으로 우리의 영혼이 회복되고 새 힘을 얻도록 도와주기를 원합니다.

하나님, 지금은 특별히 오늘 예배 가운데 함께하지 못한 우리 지체들을 위해 기도합니다. 이 시간을 기억하지만 여러 가지 사정으로 어쩔 수 없이 예배에 나오지 못한 지체들이 있다면 마음껏 예배드릴 수 있는 상황과 여건으로 인도해주시고, 행여 상처받고 믿음이 흔들려 예배에 나오기를 힘들어하는 지체들이 있다면 찾아가 위로해주시며 그들의 마음 가운데 예배에 대한 사모함을 회복시켜 주시옵소서. 그래서 모든 지체들이 함께 모여 구원의 하나님을 기뻐하며 예배할 수 있기를 원합니다. 우리의 영원한 기쁨이 되시는 예수님의 이름으로 기도드립니다. 아멘.

5월 4째주 | 찬양

호흡이 있는 자마다 찬양

"호흡이 있는 자마다 여호와를 찬양할지어다 할렐루야 여호와를 찬양하라"(시 150:6)

사랑이 풍성하신 하나님, 우리의 삶 가운데 늘 동행하시며 지켜주시는 그 은혜에 감사를 드립니다. 오늘도 온맘 다해 감사와 찬양의 제사를 올려드리오니 기쁘게 받아주시고 성령으로 충만하게 임하여 주시옵소서.

하나님, 이 시간 숨가쁘게 살아온 지난 한 주간의 삶을 돌아보며 회개합니다. 알게 모르게 우리의 몸과 마음과 생각으로 지은 모든 죄를 고백하오니 예수님의 귀한 보혈로 깨끗이 씻어주시옵소서. 죄 가운데 넘어지기 쉬운 우리를 불쌍히 여기시사 홀로 두지 마시고 거룩한 성령으로 덧입혀 주시기를 원합니다. 그래서 이전보다 더 하나님을 사랑하며 그 뜻대로 살아갈 수 있도록 도와주시옵소서.

오늘 예배 가운데 하나님을 만나는 은혜 누리기를 원합니다. 간절히 사모하는 마음으로 하나님을 구하오니 우리 가운데 임하여 주시옵소서. 선포되는 말씀 속에서 우리 각자를 향한 하나님의 음성을 듣게 하여 주시고 그 말씀을 붙들고 이번 한 주간, 아니 평생을 살아가게 하여 주시옵소서.

우리의 찬양을 기뻐하시는 하나님, 우리의 삶 속에 언제나 찬양이 넘치기를 기도합니다. 기쁘고 감사한 일이 있을 때는 물론이고 혹 힘들고 슬픈 일이 있을 때도 찬양 중에 계시는 하나님을 바라보며 찬양하게 하여 주시옵소서. 언제 어디서나 우리의 영혼 깊은 곳에서부터 찬양이 흘러나와 우리 삶 가운데 함께 계시는 하나님의 은혜를 고백하며 그 안에 평안히 거할 수 있도록 도와주시기를 원합니다. 우리의 찬양의 이유가 되시는 예수님의 이름으로 기도드립니다. 아멘.

6월 1째주 | 세대를 본받지 않는 마음

마음 지키기

"서로 마음을 같이하며 높은 데 마음을 두지 말고 도리어 낮은 데 처하며 스스로 지혜 있는 체 하지 말라"(롬 12:16)

참 좋으신 하나님, 우리를 눈동자처럼 지켜주시고 보살펴 주시는 크신 은혜에 감사드립니다. 그 은혜에 늘 감사하면서 한 걸음 한 걸음 하나님의 인도하심을 따라 살아가게 하여 주시옵소서.

하나님, 악한 세대 속에서 우리의 마음을 정결하게 지키지 못했던 것을 고백하며 용서를 구합니다. 세상의 악한 풍조에 우리의 마음을 빼앗겨 하나님을 모르는 사람들과 별반 다를 것 없는 가치관으로 살아가고 있는 것을 용서하여 주시옵소서. 언제나 하나님을 우리 삶의 가장 중심에 모시고 그 마음과 생각을 말씀으로 거룩하게 지키며 하나님의 자녀답게 살아갈 수 있도록 도와주시기를 원합니다.

이 시간, 우리의 영과 진리로 하나님께 예배드리오니 홀로 영광 받으시고 풍성한 은혜로 임하여 주시옵소서. 목사님을 통해 말씀을 주실 때 다른 생각에 마음을 빼앗기지 않고 말씀에 집중하여 오늘 이 예배를 통해 우리 가운데 주시고자 하시는 하나님의 음성을 들을 수 있도록 도와주시기를 원합니다.

하나님, 특별히 세상 유혹 앞에 흔들리기 쉬운 청년들을 강하게 붙잡아 주시기를 기도합니다. 우리의 몸과 마음을 더럽혀 결국 하나님과 멀어지게 만드는 세상의 유혹과 시험에 절대 무릎을 꿇지 않게 도와주시고, 이를 위해 매일 매일을 기도와 말씀으로 무장하는 청년들이 되게 하여 주시기를 원합니다. 우리 모든 청년들이 영적인 전신갑주를 입고 믿음의 선한 싸움에서 늘 승리하게 하여 주시옵소서. 모든 것에 감사드리며 우리 삶의 중심이신 예수님의 이름으로 기도드립니다. 아멘.

6월 2째주 | 세대를 본받지 않는 마음

세상이 줄 수 없는 평안

"평안을 너희에게 끼치노니 곧 나의 평안을 너희에게 주노라 내가 너희에게 주는 것은 세상이 주는 것과 같지 아니하니라 너희는 마음에 근심하지도 말고 두려워하지도 말라"(요 14:27)

참 좋으신 하나님, 그 누구도 줄 수 없는 하나님의 평안이 우리의 평생의 삶 가운데 언제나 풍성하게 흘러넘치기를 기도합니다.

하나님, 우리와 늘 함께하시며 도와주시겠다는 하나님의 약속을 믿는다고 고백하면서도 그 약속을 잊어버리고 근심과 두려움에 떠는 우리들의 연약한 믿음을 하나님 앞에 내어놓습니다. 우리의 부끄러운 모습을 불쌍히 여겨 주시옵소서. 인생의 폭풍 앞에서도 하나님께서 주시는 평안을 놓치지 않는 큰 믿음을 허락해주시기를 원합니다.

이 시간, 잠잠히 하나님을 바라보며 예배하기를 원합니다. 우리의 뜻과 정성을 담아 최선의 것으로 드리며 전심으로 하나님을 구할 때 우리 가운데 임하셔서 영광 받아주시옵소서. 이 예배가 단지 여기에서 끝나지 않고 우리의 삶까지 연결되게 하여 주셔서 삶 속에서도 늘 예배자로 살아가게 하여 주시기를 원합니다. 선포되는 말씀 가운데 함께해주셔서 전하고 듣는 사람 모두 하늘의 진리를 깨닫는 기쁨으로 가득하게 하여 주시옵소서.

하나님, 우리 청년들이 매일의 삶 속에서 세상이 알 수도, 줄 수도 없는 놀라운 하늘의 평안을 맛보며 살아가길 기도합니다. 일시적인 거짓 평안을 의지하지 않고 하나님과의 친밀한 관계 속에서만 누릴 수 있는 참 평안을 알아가게 하여 주시옵소서. 그래서 어떤 인생의 풍랑을 만나더라도 걱정하거나 두려워하지 않고 하나님께서 우리 안에 허락하신 그 평안을 누리며 승리하게 하여 주시기를 원합니다. 우리에게 참 평안을 허락하신 예수님의 이름으로 기도드립니다. 아멘.

6월 3째주 | 세대를 본받지 않는 마음

하나님만 바라는 삶

"나의 영혼이 잠잠히 하나님만 바람이여 나의 구원이 그에게서 나오는도다"(시 62:1)

참 좋으신 하나님, 죄인 된 우리를 구원하셔서 존귀한 하나님의 자녀로 살아가게 하여 주시니 감사를 드립니다. 언제나 베풀어주신 구원의 은혜에 감사하며 그 은혜에 보답하는 삶을 살아갈 수 있도록 도와주시옵소서.

하나님을 바라보며 그 뜻대로 살기를 다짐하다가도 물질과 명예와 권력에 욕심을 내며 그것을 얻기 위해 시간과 열정을 쏟으며 살아가는 것을 용서하여 주시옵소서. 우리에게 지혜를 주셔서 날마다 자신이 무엇을 바라보며 나아가고 있는지 점검할 수 있게 해주시고 세상의 그 어떤 것보다 하나님의 나라와 그 뜻을 먼저 구하며 살아갈 수 있도록 도와주시기를 원합니다.

하나님, 오늘 드리는 이 예배가 우리의 삶을 산 제물로 드리는 영적인 예배가 되기를 원합니다. 예배를 통해 다시 한 번 우리의 삶을 결단할 수 있도록 도와주시옵소서. 말씀을 선포하실 목사님을 성령으로 충만하게 하여 주시고, 우리들은 그 말씀을 잘 듣고 믿고 행함으로 하나님의 뜻을 이루어가게 하여 주시옵소서.

하나님, 우리의 상황이 어떠하든 우리 영혼이 언제나 하나님만 바랄 수 있기를 기도합니다. 하나님과의 교제를 통해 흔들림 없이 하나님만 바라볼 수 있는 믿음을 갖게 하여 주시고 그 믿음으로 두려움 없이 세상을 헤쳐나갈 수 있도록 도와주시옵소서. 오직 잠잠히 하나님만 바라볼 때 우리 안에 하나님께서 허락하신 소망으로 가득 채워주시기를 기도합니다. 우리의 간구에 응답하실 것을 믿고 감사드리며 예수님의 이름으로 기도드립니다. 아멘.

6월 4째주 | 세대를 본받지 않는 마음

좋은 이성 교제

"여호와 하나님이 이르시되 사람이 혼자 사는 것이 좋지 아니하니 내가 그를 위하여 돕는 배필을 지으리라 하시니라"(창 2:18)

사랑이 많으신 하나님, 우리에게 매일 새로운 날을 허락해주시고, 모든 날들을 하나님의 은혜 안에 살아가게 하여 주시니 감사드립니다. 하루하루 지날 때마다 우리의 믿음이 더 깊어지고 넓어지고 단단해질 수 있도록 도와주시옵소서.

지난 한 주간을 돌아보며 하나님의 뜻에 합당하지 못하게 살았던 모습을 회개합니다. 바쁘다는 핑계로 하나님과의 교제를 소홀히 하여 기도와 말씀으로 깨어 있지 못했고, 삶 속에서도 하나님의 뜻보다는 내 뜻을 앞세우고 어리석게 살았던 것을 용서하여 주시옵소서. 언제나 하나님과 교제하기를 힘쓰게 하여 주시고, 그 가운데 하나님의 뜻을 깨달아 순종하며 살아갈 수 있도록 도와주옵소서. 오늘 예배를 통해 하나님께 더 가까이 나아가길 원합니다. 간절히 사모하는 마음으로 하나님을 구하오니 이 시간, 우리 각 사람에게 찾아오셔서 만나주시옵소서. 목사님을 통해 귀한 말씀 들려주실 때 그 말씀을 붙들고 한 주간도 살아갈 수 있도록 인도해 주시옵소서.

이 시간, 특별히 하나님께서 우리 청년들에게 예비하신 좋은 이성과의 만남을 위해 기도합니다. 누군가를 온전히 사랑할 수 있을 만한 성숙한 인격과 성품의 사람으로 자신을 준비해 나가게 하여 주시옵소서. 이성과의 만남에 신중하게 하여 주시되 그것이 진실하고 진지한 만남으로 이어질 때 하나님께서 기뻐하실 만한 방식으로 교제하게 하여 주시고, 교제 중에도 계속적으로 하나님의 뜻을 구하며 만남을 아름답게 가꿔갈 수 있도록 도와주시기를 원합니다. 이 모든 말씀 우리를 사랑하시는 예수님의 이름으로 기도드립니다. 아멘.

6월 5째주 | 세대를 본받지 않는 마음

주님만 의지하는 삶

"우리는 우리 자신이 사형 선고를 받은 줄 알았으니 이는 우리로 자기를 의지하지 말고 오직 죽은 자를 다시 살리시는 하나님만 의지하게 하심이라"(고후 1:9)

참 좋으신 하나님, 지난 한 주간도 주님의 은혜 안에 살게 해주셔서 감사를 드립니다. 날마다 받은 은혜를 기억하며 감사하는 삶이 되게 하여 주시옵소서.

하나님께서 주신 은혜에 늘 감사하면서도 때때로 세상 욕심에 마음이 둔해져 감사를 잃어버리고 불평하며 원망했던 것을 고백하며 회개하오니 용서하여 주시옵소서. 자신이 가지지 못한 것을 바라보며 불평하는 죄악 된 습관을 버리고, 받은 복을 헤아리며 주신 것에 자족할 수 있게 하여 주시옵소서. 그러나 그 모든 것보다 하나님 한 분만으로 만족할 수 있게 하여 주시기를 원합니다.

이 시간, 찬양받기 합당하신 하나님께 온 맘 다해 예배하오니 우리의 예배를 기쁘게 받아주시고 풍성한 은혜로 함께하여 주시옵소서. 오늘도 귀한 말씀을 들고 서신 목사님께 성령으로 충만하게 하여 주시고, 말씀 하나하나가 우리의 심령 가운데 생명의 씨앗으로 심겨져 열매 맺는 삶으로 나아가게 하여 주시옵소서.

하나님, 우리의 소망이 오직 하나님께만 있음을 고백합니다. 시시때때로 변하는 세상의 가치에 이리저리 휩쓸리지 않고, 언제나 변함없으신 하나님 한 분만을 흔들림 없이 의지할 수 있기를 원합니다. 우리의 생명조차 하나님의 손에 맡기며 어떤 상황 가운데서도 우리를 능히 도우시고 인도하실 하나님만 의지하며 믿음으로 살아가게 도와주시옵소서. 우리의 참 소망이 되시는 예수님의 이름으로 기도드립니다. 아멘.

7월 1째주 | 감사

매일 감사하는 마음으로 살아가기

"해로 낮을 주관하게 하신 이에게 감사하라 그 인자하심이 영원함이로다"(시 136:8)

참 좋으신 하나님, 우리에게 새로운 한 달을 허락해 주셔서 감사드립니다. 지난날의 잘못된 옛 습관들은 모두 끊어버리고 하나님께서 주신 새날들을 하나님께서 주시는 새 마음으로 새롭게 출발할 수 있도록 도와주시옵소서.

우리의 생명을 주관하시는 하나님, 우리에게 거저 주어지는 듯한 하루하루가 실은 모두 하나님의 선물임을 고백하며, 매일매일 그 날들에 감사하며 살지 못했던 것을 회개합니다. 아침에 눈을 뜰 때마다 하나님께서 다시금 베풀어주신 인자하심에 감사하게 하여 주시고 주어진 하루를 특별하게 여기며 감사로 살아가게 하여 주시옵소서.
오늘도 귀한 예배 가운데로 불러 주셔서 감사드립니다. 이 시간, 하나님 앞에 서서 하나님만 바라보며 예배하길 원합니다. 우리의 시선이 흩어지지 않게 하여 주시고 하나님께서 허락하실 은혜를 간절히 사모하는 정한 마음으로 나아가게 하여 주시옵소서. 말씀 전하실 목사님께 능력을 더하여 주셔서 선포되는 말씀으로 우리의 심령과 삶이 변화되고 회복되는 시간이 되게 하여 주옵소서.

하나님, 우리의 삶을 다스려 주시고 인도해 주시기를 기도합니다. 분주한 일과 사람과의 관계 속에서도 언제나 그 중심에 하나님을 모시게 하여 주시고, 순간순간 우리를 지도해주시는 하나님의 인도를 따라 살아가게 하여 주시옵소서. 하나님과 한걸음 한걸음 동행하면서 우리의 형상이 점점 하나님을 닮아감으로 우리를 보는 사람들이 하나님을 알고 영광 돌리게 되는 복된 삶을 허락해 주시기를 간절히 원합니다. 우리의 삶을 주관하시는 예수님의 이름으로 기도드립니다. 아멘.

7월 2째주 | 감사

아름다운 자연을 주심에 감사

"땅을 물 위에 펴신 이에게 감사하라 그 인자하심이 영원함이로다"(시 136:6)

사랑이 많으신 하나님, 녹음이 우거지는 이 푸르른 계절에 창조주 하나님의 놀라운 솜씨를 바라보며 찬양과 경배를 드립니다.
하나님, 우리가 지금 누리는 모든 것들의 진정한 주인은 하나님이심을 고백합니다. 하나님의 청지기로서 이것들을 잘 관리해야 할 책임이 있음에도 그것이 우리의 소유인양 함부로 다루고 이기적으로 사용했음을 회개하오니 용서하여 주시옵소서. 마지막 날 하나님 앞에 섰을 때, 악하고 게으른 종이라 책망받지 않도록 우리에게 맡겨진 모든 것들을 소중하게 여기며 잘 관리할 수 있게 도와주시기를 원합니다.

오늘도 하나님께서 베풀어주신 은혜에 감사하는 마음으로 온 맘 다해 예배합니다. 귀한 목사님께서 말씀 전해주실 때 성령께서 우리의 우둔한 마음을 밝히 비춰주셔서 진리를 깨닫게 하여 주시고 그 진리로 자신과 세상을 변화시킬 수 있도록 도와주시옵소서.

하나님, 우리가 그리스도인 청년으로서 세상에 대하여 책임 있게 행동할 수 있기를 기도합니다. 사회의 어두운 모습에 대해 모른척하지 않고 자신의 일처럼 생각하며 끌어안고 기도할 수 있는 깨어있는 청년들이 되게 하여 주시옵소서. 나아가 우리가 먼저 삶 속의 작은 일에서 하나님의 정의를 실천하고 낮은 곳에 손을 내밀어 하나님의 사랑을 흘려보낼 수 있게 하여 주시옵소서. 우리의 힘이 참으로 작고 미약하지만 우리를 사용하여 세상을 치유하고 변화시킬 하나님을 기대하며 우리의 책임을 다할 수 있기를 원합니다. 이 모든 말씀, 우리를 사랑하시는 예수님의 이름으로 기도드립니다. 아멘.

7월 3째주 | 감사

모든 일에 감사

"하나님이여 우리가 주께 감사하고 감사함은 주의 이름이 가까움이라 사람들이 주의 기이한 일들을 전파하나이다"(시 75:1)

참 좋으신 하나님, 우리의 삶 가운데 온갖 선한 것을 허락하시는 하나님의 은혜에 감사를 드립니다. 언제나 하나님의 구원의 은혜를 찬양하며 감사하는 삶을 살게 하여 주시옵소서.

놀라운 하나님의 역사를 경험했으면서도 끊임없이 온갖 죄를 저질렀던 이스라엘 백성들과 다를 바 없는 우리의 죄악 된 모습을 회개합니다. 우리 안에 있는 교만과 거짓됨과 불순종을 용서하여 주시옵소서. 매순간 하나님께서 우리의 삶 가운데 베푸신 은혜들을 기억하게 하여 주시고 그 은혜에 감사하는 마음으로 기꺼이 하나님의 뜻을 따를 수 있도록 도와주시기를 원합니다.

하나님, 오늘도 오직 예수 그리스도의 공로를 힘입어 담대히 보좌 앞으로 나아가오니 우리 모임 중에 좌정하셔서 영광 받으시고 한없는 은혜로 임하여 주시옵소서. 특별히 선포되는 말씀을 통해 우리의 지친 영혼이 힘을 얻고 상한 심령이 회복되게 하여 주시며, 험한 세상에서 하나님의 자녀답게 살아갈 수 있는 능력을 힘입게 하여 주시기를 원합니다.

하나님, 우리 그리스도인들이 이 땅에서 그리스도의 편지와 향기로 살아가게 하여 주시옵소서. 우리 자신이 원하는 삶의 방식을 내려놓고 하나님의 뜻에 귀를 기울이며 예수님께서 가셨던 그 길을 따라갈 수 있도록 도와주시옵소서. 예수님처럼 하나님의 말씀에 온전히 순종하고 진심으로 사람들을 사랑하고 섬길 때 조금씩 조금씩 우리의 모습 속에서 하나님의 형상이 회복되게 하여 주시고 이를 통해 많은 사람들이 하나님을 알게 되는 역사가 있기를 원합니다. 우리를 사랑하시는 예수님의 이름으로 기도드립니다. 아멘.

7월 4째주 | 감사

범사에 감사

"여호와여 주께서 지으신 모든 것들이 주께 감사하며 주의 성도들이 주를 송축하리이다"(시 145:10)

사랑이 많으신 하나님, 우리가 누리고 있는 모든 좋은 것들이 하나님께로부터 오지 않은 것이 없음을 기억하며 감사를 올려 드립니다.

하나님, 이 시간 우리 안에 있는 염려와 불안과 걱정을 하나님 앞에 모두 내어놓습니다.
앞에 놓인 문제에 연연하여 불신앙으로 살았던 것을 회개하오니 용서하여 주시옵소서. 하나님께서 우리의 삶에 대해 가장 좋은 계획을 가지고 계심을 믿고 하나님께 맡기며 감사로 살아가게 하여 주시기를 원합니다.
하나님, 여기 하나님을 뜨겁게 사랑하는 사람들이

하나님의 이름으로 모여 예배를 드립니다. 약속대로 우리와 함께하심을 믿고 마음과 뜻과 정성을 다해 하나님을 찬양하고 경배하오니 이곳에 임하셔서 우리를 받아주시고 풍성한 은혜를 부어주시옵소서. 생명의 말씀이 선포될 때 죽은 영혼이 살아나고 상한 심령이 회복되며 약한 자가 강건해지는 역사가 있기를 기도합니다.

우리 교회가 예수님을 머리로 하는 하나의 몸이 되어 교회를 건강하게 세워나갈 수 있도록 도와주시옵소서. 교회의 리더십에게는 올바른 판단력과 성경적인 방법으로 교회를 이끌어갈 수 있는 지혜를 주시고, 온 성도들에게는 하나님께서 세우신 권위에 대한 순종을 허락해주셔서 서로 하나 되어 힘 있게 교회의 사명을 감당하게 하여 주시기를 원합니다. 우리 교회가 오직 진리 위에 서고 성령 안에 하나 되어 세상을 복음으로 변화시키고 사랑으로 섬김으로 하나님과 세상으로부터 칭찬 받는 교회가 되게 하여 주시옵소서. 우리 교회의 머리 되신 예수님의 이름으로 기도드립니다. 아멘.

8월 1째주 | 그리스도인의 삶

사랑이 가득한 삶

"사랑 안에 두려움이 없고 온전한 사랑이 두려움을 내쫓나니 두려움에는 형벌이 있음이라 두려워하는 자는 사랑 안에서 온전히 이루지 못하였느니라"(요서 4:18)

참 좋으신 하나님, 놀라운 사랑으로 우리를 구원하여 주시고 매일의 삶 또한 사랑으로 인도해 주셔서 감사를 드립니다. 언제나 그 풍성한 사랑 안에 거함으로 이 세상 어떤 것도 두려워하지 않고 담대하게 살아가게 하여 주시옵소서.

값없이 큰 사랑을 받았으나 그 받은 사랑에 합당하게 살지 못한 부끄러운 우리의 모습을 이 시간 십자가 앞에 내려놓고 회개합니다. 예수님처럼 이웃을 내 몸같이 사랑하며 살아갈 수 있도록 도와주시기를 원합니다.

이 시간, 분주한 일상을 잠시 내려놓고 하나님의 임재 가운데 잠잠히 나아갑니다. 하나님께 집중하며 예배하오니 우리를 기쁘게 받아주시고 하나님의 은혜로 풍성하게 채워주옵소서. 선포되는 말씀을 통해 하나님의 뜻을 분명히 깨달을 수 있도록 도와주시고 순종과 헌신을 결단하게 하옵소서.

하나님, 우리를 하나님의 사랑의 통로로 사용하여 주시길 기도합니다. 친히 사랑을 보여주셨던 예수님을 본받아 우리도 소외된 사람들의 친구가 되어주고, 우는 사람들과 함께 울어주며, 도움을 필요로 하는 사람들의 손을 잡아줄 수 있기를 원합니다. 우리의 시간, 물질, 재능, 마음 그 무엇이든 그것을 절실히 필요로 하는 사람들을 위해 기꺼이 나눠주어 말뿐이 아니라 행함으로 사랑을 보여주게 도와주시옵소서.

우리가 실천하는 사랑을 통해 하나님의 이름이 높임을 받고 하나님의 뜻이 이 땅 가운데 임하기를 기도합니다. 십자가로 사랑을 보여주신 예수님의 이름으로 기도드립니다. 아멘.

8월 2째주 | 그리스도인의 삶

헌신하는 삶

"내 마음이 이스라엘의 방백을 사모함은 그들이 백성 중에서 즐거이 헌신하였음이니 여호와를 찬송하라"(삿 5:9)

참 좋으신 하나님, 우리의 삶의 주인이 되셔서 모든 것을 주관하여 주시고 선하게 인도하여 주신 은혜에 감사를 드립니다. 언제나 하나님만을 섬기며 그 인도하심 따라 살아갈 수 있도록 도와주시옵소서.

하나님, 이 시간 하나님의 뜻대로 살지 못했던 한 주간의 잘못된 모습을 회개합니다. 교회에서는 헌신을 장담하지만 삶의 현장으로 돌아가면 자신이 삶의 주인인양 자신의 뜻대로 살아가고 있음을 고백하며 회개하오니 용서하여 주시옵소서. 하나님의 주인 되심을 기억하며 하나님의 뜻대로 살 수 있도록 도와주시기를 원합니다.

오늘도 찬양받기 합당하신 하나님께 우리의 전심으로 예배합니다. 우리의 상처 나고 지치고 죄로 상한 모습 그대로 하나님께 나아가오니 이대로 받아주시고 성령으로 새롭게 빚어주시옵소서. 하나님과의 만남으로 다시금 새 힘을 얻고 새로이 헌신을 다짐하며 결단하는 예배가 되기를 원합니다.

하나님, 한 번뿐인 우리의 인생이 하나님의 나라와 영광을 위해 귀하게 쓰여지기를 기도합니다. 먼 곳에 가서 거창한 헌신을 하지는 못하더라도 주어진 삶의 자리를 내게 허락하신 특별한 헌신의 장소, 하나님의 말씀을 실천할 장소로 여기며 살아가게 하여 주시기를 원합니다.

아무도 알아주지 않고 헌신의 결과가 크게 드러나지 않아도 하나님께서 우리의 헌신과 순종을 사용하여 하나님의 뜻을 이루어가실 것을 믿고 꿋꿋이 나아가게 하여 주시옵소서. 우리를 사랑하시는 예수님의 이름으로 기도드립니다. 아멘.

8월 3째주 | 그리스도인의 삶

용서하는 삶

"서로 친절하게 하며 불쌍히 여기며 서로 용서하기를 하나님이 그리스도 안에서 너희를 용서하심과 같이 하라"(엡 4:32)

사랑의 하나님, 언제나 풍성한 사랑으로 우리를 지켜주시고 보호해주시는 은혜에 감사를 드립니다. 늘 받은 은혜를 기억하여 감사하고 나아가 그 은혜를 나누며 살아가기를 원합니다.

하나님의 사랑을 힘입어 감히 하나님 앞에 설 수 있게 되었으면서도 우리는 아직도 사람들을 진심 어린 사랑과 용서로 대하지 못하고 있음을 고백하며 회개합니다. 상대방의 허물을 들춰내고 정죄하기 좋아했던 것을 용서하여 주시옵소서. 하나님의 무조건적인 용서를 받은 사람답게 우리도 기꺼이 자신에게 잘못한 사람을 용서하며 사랑할 수 있도록 도와주시기를 원합니다.

이 시간, 하나님을 사모하는 마음으로 모인 우리 공동체의 예배 가운데 임하여 주시옵소서. 영광스런 하나님의 임재 앞에서 두렵고 떨리는 마음으로 하나님을 예배할 때 홀로 영광 받으시고 우리에게는 한없는 은혜를 부어주시옵소서. 세우신 목사님을 통해 말씀이 선포될 때 자신에게 주시는 말씀으로 들어 말씀 앞에 결단하게 하여 주시옵소서.

하나님, 우리의 모습 속에서 하나님의 형상이 보여지기를 기도합니다. 특별히 하나님께서 우리에게 베풀어 주셨던 그 무한한 사랑이 우리의 삶 가운데서도 나타나게 하여 주시옵소서.
상대방을 자신보다 낮게 여겨 존중하고, 친절한 말과 행동으로 서로를 섬기며, 자신에게 잘못한 사람을 아무 조건 없이 용서해주는 구체적인 사랑의 실천으로 우리의 삶의 모습이 점점 하나님을 닮아갈 수 있기를 원합니다. 우리의 선한 행실로 하나님께 영광 돌리게 하여 주시옵소서. 우리의 기도에 응답하시는 예수님의 이름으로 기도드립니다. 아멘.

8월 4째주 | 그리스도인의 삶

선한 마음을 품는 삶

"선한 사람은 마음에 쌓은 선에서 선을 내고 악한 자는 그 쌓은 악에서 악을 내나니 이는 마음에 가득한 것을 입으로 말함이니라"(눅 6:45)

참 좋으신 하나님, 우리의 목자가 되셔서 지난 한 주간도 푸른 초장과 쉴 만한 물가로 인도해 주심에 감사를 드립니다. 늘 좋은 것으로 삶을 채워주시고 인도해주시는 하나님만 바라보며 따라가게 하여 주시옵소서.

하나님, 우리의 마음을 거룩하게 지키지 못하고 온갖 죄악들로 가득 채웠던 것을 이 시간 고백하며 회개합니다. 세상 욕심과 음란하고 악한 생각, 염려와 걱정들이 우리 마음 가운데 가득하였으며 결국 그것이 우리의 언어와 삶을 통해 드러남으로 하나님의 영광을 가렸음을 용서하여 주시옵소서. 우리의 심령에 하나님의 말씀과 은혜로 가득히 채워주셔서 우리의 말과 행실로 선한 것들만 나타나게 하여 주시기를 원합니다.

이 시간, 하나님께서 베풀어주실 은혜를 기대하며 예배로 나아갑니다. 우리의 삶 전부를 드리오니 기쁘게 받아주시고 큰 은혜를 부어 주시옵소서. 목사님의 귀한 말씀을 잘 듣고 깨달을 수 있도록 성령께서 도와주시고, 그 말씀이 우리의 심령에 깊이 새겨져 삶의 현장에서 행함으로 열매 맺게 하여 주시옵소서.

하나님, 우리 가운데 원하지 않는 시험과 고난으로 고통 중에 있는 지체들을 위해 기도합니다. 힘들어 쓰러져 있는 그들을 친히 찾아가주셔서 상한 마음을 위로하여 주시고, 환란 중에서도 눈을 들어 우리의 소망이 되시는 예수 그리스도를 바라볼 수 있게 도와주시옵소서. 언제나 우리와 동행하시는 예수님의 이름으로 기도드립니다. 아멘.

8월 5째주 | 그리스도인의 삶

하나님을 찾는 삶

"젊은 사자는 궁핍하여 주릴지라도 여호와를 찾는 자는 모든 좋은 것에 부족함이 없으리로다"(시 34:10)

사랑이 많으신 하나님, 언제나 우리의 삶을 좋은 것으로 풍성하게 채워주셔서 부족함이 없게 하여 주시니 감사를 드립니다. 하나님의 손길에 늘 감사하며 일평생 그 은혜 안에 거하게 하여 주시옵소서.

하나님께서 우리의 모든 필요를 아시고 채워주심을 알면서도 때때로 우리의 마음이 다른 것을 향했던 것을 고백합니다. 이 세상의 유한하고 일시적인 가치에 마음을 빼앗겨 그것을 얻기 위해 시간과 물질과 열정을 쏟았던 어리석음을 용서하여 주시옵소서. 하나님 안에 모든 것이 있음을 알고 오직 하나님만 구할 수 있기를 원합니다.

오늘도 귀한 예배 시간, 마음을 활짝 열고 하나님의 얼굴을 구하며 나아가오니 우리 가운데 임하셔서 하나님을 만나는 기쁨으로 가득 채워 주시옵소서. 선포되는 말씀에 능력을 더하여 주시고 듣는 우리들은 각자에게 주시는 하나님의 음성으로 들어 순종으로 나아가게 하여 주시옵소서.

하나님, 우리 청년들의 미래와 비전을 위해 기도합니다. 인생의 주인이신 하나님을 중심에 모시고 하나님의 뜻에 합당한 미래를 꿈꾸며 비전을 세워가게 하여 주시옵소서. 무엇을 하든지 하나님의 영광을 위한 것이 되게 하여 주시고 그 과정과 결과까지도 하나님께 맡기며 하나님의 방법으로 이루어가게 하여 주시옵소서. 무엇보다 이 세상의 모든 좋은 것이 결국 하나님께로부터 온다는 사실을 기억하여 가장 먼저 하나님을 구하며 그 뜻 안에 있기를 힘쓸 때, 우리 청년들의 인생을 책임져 주시고 친히 인도해주시길 원합니다. 우리의 삶을 늘 풍성하게 채워주시는 예수님의 이름으로 기도드립니다. 아멘.

9월 1째주 | 교회 부흥

영혼 구원을 위해

"너희는 이르기를 우리 구원의 하나님이여 우리를 구원하여 만국 가운데에서 건져내시고 모으사 우리로 주의 거룩한 이름을 감사하며 주의 영광을 드높이게 하소서 할지어다"(대상16:35)

참 좋으신 하나님, 우리를 사랑하셔서 구원하여 주시고 복된 하나님의 백성으로 살아가게 하여 주시니 감사를 드립니다. 받은 구원의 은혜에 늘 감사하며 하나님께 영광 돌리는 삶을 살게 하여 주시옵소서.

하나님, 이 시간 먼저 은혜 받은 자로서 우리 주위에 구원받지 못한 많은 영혼들을 돌아보지 못했던 것을 회개합니다. 한 영혼을 천하보다 귀하게 여기시는 하나님의 마음을 품고 그들에게 다가가 구원의 기쁜 소식을 전해줄 수 있도록 믿음과 담대함을 허락해 주시기를 원합니다.

오늘도 온 맘 다해 예배드리오니 우리의 예배를 기쁘게 받아주시옵소서. 형식적이고 습관적인 예배의 모습을 다 버리고 전심으로 하나님을 구하며 나아갈 때, 우리 가운데 성령으로 역사하여 주시옵소서. 말씀을 선포하실 목사님과 함께해 주셔서 우리에게 꼭 필요한 생명의 말씀이 전해지게 하여 주시고 우리들은 그 말씀 앞에 겸손히 순종할 수 있게 하여 주시옵소서.

우리 청년들의 각 가정을 돌아보아 주시기를 기도합니다. 무엇보다 아직 믿음 안에서 하나 되지 못한 가정들이 있다면 먼저 믿은 우리들이 그들을 위해 기도하고 복음을 전함으로 온 가족이 함께 예배드리는 복된 날이 속히 임하게 하여 주시옵소서. 가정이 급속도로 무너져가고 있는 이 시대에 우리의 각 가정들을 지켜주셔서 믿음 안에서 서로 사랑하며 작은 천국을 이루어가게 하여 주시옵소서. 이 모든 간구를 예수님의 이름으로 기도드립니다. 아멘.

9월 2째주 | 교회 부흥

개척교회 부흥을 위해

"서로 돌아보아 사랑과 선행을 격려하며 모이기를 폐하는 어떤 사람들의 습관과 같이 하지 말고 오직 권하여 그 날이 가까움을 볼수록 더욱 그리하자"(히 10:24~25)

사랑의 하나님, 지난 한 주간도 특별한 은혜와 사랑으로 우리를 지켜주시고 함께해주심에 감사를 드립니다. 우리의 모든 삶을 하나님 손에 맡기오니 선한 길로 인도하여 주시옵소서.

하나님, 우리교회에 먼저 허락하신 복과 은혜를 연약한 교회를 향해 흘려보내지 못했고 한 형제와 다름없는 작은 교회들을 위해 기도하지 못했던 이기적인 모습을 용서하여 주시옵소서. 이 시간 이 땅의 개척교회를 위해 기도하오니 어려운 환경 때문에 복음에 대한 열정과 맡겨주신 사명에 대한 헌신이 식어지지 않게 도와주시옵소서. 울며 씨를 뿌리는 자는 기쁨으로 단을 거둘 것이라고 하신 말씀을 붙들고 흔들림 없이 나아갈 때 반드시 하나님이 허락하신 영혼 구원의 기쁨과 큰 부흥을 경험하게 하여 주시옵소서.

이 시간, 하나님 받으시기에 합당한 예배를 드리기 원합니다. 중심을 보시는 하나님 앞에 부끄럽지 않도록 온 맘과 정성을 다하여 예배하게 하여 주시고 하나님과의 관계가 새로워지게 하여 주시옵소서. 선포되는 귀한 말씀을 통해 우리 각 사람에게 필요한 회개와 치유와 회복이 임하고 세상을 이길 믿음의 능력이 부어지길 원합니다.

남모르는 아픔과 상처로 힘든 시간을 보내고 있는 우리의 지체들을 위해 기도합니다. 학업, 직장, 관계, 재정 등의 어려운 문제 앞에서도 믿음을 지키며 하나님의 뜻을 찾고 있는 형제자매들에게 함께 해주셔서 실망과 좌절로 주저앉지 않게 도와주시고 하나님만 바라보며 넉넉히 이기게 하여 주시옵소서. 예수님의 이름으로 기도드립니다. 아멘.

9월 3째주 | 교회 부흥

우리 교회 부흥을 위해

"여호와여 내가 주께 대한 소문을 듣고 놀랐나이다 여호와여 주는 주의 일을 이 수년 내에 부흥하게 하옵소서 이 수년 내에 나타내시옵소서 진노 중에라도 긍휼을 잊지 마옵소서"(합 3:2)

참 좋으신 하나님, 한 주간 사랑으로 지켜주신 은혜에 감사드립니다. 우리의 삶 가운데 늘 동행하시고 갈 길을 예비하시며 친히 인도해주시는 선하신 하나님을 찬양합니다. 영광과 찬양과 감사와 존귀를 홀로 받으시옵소서.

섬기는 교회 위해 기도하지 못한 잘못을 이 시간에 회개합니다. 교회의 연약함에 대해 마음 아파하며 기도하지 못했습니다. 교회가 교회 되도록 우리가 먼저 기도하게 도와주시고 또 행함으로 그 기도를 이루어가게 하여 주시옵소서. 이 마지막 때에 하나님께서 사용하시는 귀한 교회가 되게 하여 주시옵소서.
이 시간 일상의 분주한 생각과 일들을 잠시 내려놓고 온전히 예배에 집중하게 하여 주시옵소서. 오늘도 목사님을 통해 선포되는 진리 앞에 우리의 눈이 밝아지게 하여 주시고, 그 진리의 빛을 들고 세상으로 나아가게 하여 주시기를 원합니다.

이제 막 신앙의 길로 들어선 형제자매들을 위해서 기도합니다. 낯선 교회 생활에 잘 적응할 수 있도록 마음을 열어 주시고 여러 예배와 모임, 훈련 등을 통해 하나님을 만나고 알아가는 기쁨을 발견하게 도와주시옵소서. 우리 공동체 속에서 믿음의 뿌리를 잘 내리고 아름답게 자라가도록 인도하여 주시옵소서. 먼저 믿은 우리들은 혹시 그들의 마음이 불편함이나 어색함으로 위축되지 않도록 따뜻한 사랑과 배려로 섬기고 또 본을 보이며 믿음의 길로 잘 이끌어줄 수 있게 하여 주시기를 원합니다. 이 모든 말씀을 예수님의 이름으로 기도드립니다. 아멘.

9월 4째주 | 교회 부흥

한인교회를 위해

"하나님과 주 예수 그리스도의 종 야고보는 흩어져 있는 열두 지파에게 문안하노라"(약 1:1)

사랑이 많으신 하나님, 한 주간도 주님의 날개 아래 품어주시고 눈동자같이 보호해주신 은혜에 감사를 드립니다. 험한 세상 속에서도 그 보호하심 아래 참 평안을 누리며 살게 하셨으니 모든 영광과 찬양을 올려드립니다.

지난 한 주간, 하나님의 뜻을 떠나 불순종하며 살았던 모습을 돌아보며 회개하오니 용서하여 주시옵소서. 하나님의 뜻을 외면하며 각기 제 길로 행한 우리의 연약함을 불쌍히 여겨 주시고 이 시간 십자가의 보혈로 정결하게 하여 주시옵소서. 하나님의 뜻에 우리의 뜻을 두고 순종하며 살아갈 수 있도록 우리를 도와주시옵소서.

이 시간에 여기 모인 모든 지체들이 한마음으로 주를 바라며 예배하오니 우리 가운데 임하여 주시옵소서. 찬양과 기도와 헌신을 통해 하나님 앞으로 나아갈 때 말씀을 통해 하나님과의 만남이 이루어지는 복된 예배가 되게 하여 주시옵소서.

하나님의 영광이 이 전에 가득하여 그 옛날 이사야 선지자처럼 우리 자신을 하나님 앞에 헌신하는 거룩한 예배가 되길 원합니다.

세계 각지에 세워진 한인교회들을 위해 기도합니다. 각 교회들이 고국을 떠나 있어 심적으로 외롭고 두려움 가운데 있을 교포들에게 참 친구가 되시며 힘과 위로가 되시는 하나님을 의지하도록 이끌어주는 사명을 잘 감당하게 하여 주시옵소서. 단지 외로움을 달래고 인간적인 교제를 나누는 공동체가 아니라 타지의 힘든 생활로 인해 하나님께 더 가까이 나아가게 하고 강한 군사로 훈련되도록 인도해주는 교회들이 되게 하여 주시옵소서. 거룩하신 예수님의 이름으로 기도드립니다. 아멘.

 10월 1째주 | 눈, 귀, 입, 마음의 금식

보는 눈 금식

"너는 네 눈 속에 있는 들보를 보지 못하면서 어찌하여 형제에게 말하기를 형제여 나로 네 눈 속에 있는 티를 빼게 하라 할 수 있느냐 외식하는 자여 먼저 네 눈 속에서 들보를 빼라 그 후에야 네가 밝히 보고 형제의 눈 속에 있는 티를 빼리라"(눅 6:42)

사랑의 하나님, 천지 만물 속에 담긴 놀라운 하나님의 솜씨를 찬양합니다. 하나님의 아름다운 창조의 결과들을 보고 누릴 수 있게 하신 은혜 또한 감사를 드립니다.

하나님은 죄인인 우리를 늘 사랑의 눈으로 바라보시는데 우리는 그 하나님의 마음을 닮지 못했음을 회개합니다. 우리의 눈은 교만하여 자신의 들보는 보지 못한 채 상대방의 티끌만한 잘못과 실수를 찾기에 바빴고, 자신의 즐거움과 쾌락을 찾기에 분주했음을 고백합니다. 우리의 잘못을 용서하여 주시고 우리로 하여금 하나님의 눈으로 자신과 이웃과 세상을 바라볼 수 있도록 도와주시옵소서.

이 시간, 예배하는 우리 모임 가운데 충만하게 임하여 주시기를 기도합니다. 우리 인생길의 등과 빛이 되시는 하나님의 말씀으로 우리를 환히 비춰주시고, 그 빛이 인도하시는 대로 한 걸음 한 걸음 순종하며 나아가게 하여 주시옵소서.

이 세상을 하나님이 보시기에 좋은 세상으로 만드는 데 앞장서는 그리스도인들이 되게 하여 주시기를 기도합니다. 우리들이 먼저 사회의 질서를 존중하고 소외된 이웃을 사랑으로 섬기게 하여 주시옵소서. 사회생활이나 이웃과의 관계에서 진정한 그리스도인의 모습을 보여주고, 또 힘없는 고아와 과부들을 하나님의 사랑으로 품을 수 있게 하여 주시옵소서. 이를 통해 하나님이 어떤 분이신지 간접적으로 증거 할 수 있게 하여 주시기를 원합니다. 예수님의 이름으로 기도드립니다. 아멘.

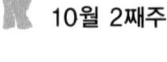 **10월 2째주** | 눈, 귀, 입, 마음의 금식

듣는 귀 금식

"복 있는 사람은 악인들의 꾀를 따르지 아니하며 죄인들의 길에 서지 아니하며 오만한 자들의 자리에 앉지 아니하고 오직 여호와의 율법을 즐거워하여 그의 율법을 주야로 묵상하는도다"(시 1:1~2)

참 좋으신 하나님, 날마다 측량할 수 없는 큰 은혜와 사랑으로 지켜주시고 보호해주심에 감사드립니다. 모든 것이 하나님의 은혜임을 고백하며 찬양을 드립니다.

한 주간 하나님의 말씀을 붙들고 그 위에 서지 못한 죄를 회개하오니 용서하여 주시옵소서. 하나님의 말씀을 묵상하며 그 뜻이 어디에 있는지 살피지 못했던 우리의 경솔함과 경청하지 못하고 세상과 사람들의 말에 현혹되었음을 용서하옵소서.

주님은 저희들에게 늘 좋은 것을 주시는 분이십니다. 하지만 세상은 잘못된 것을 줄 때가 많습니다. 그로 인해 상처를 받기도 하고, 잘못된 길을 가서 눈물로 후회를 하기도 합니다. 주님, 사람의 말을 분별하는 귀를 허락해주시기를 기도드립니다. 저희들의 귀가 오로지 주님의 말씀에 집중하기를 기도드립니다.

이 시간, 말씀에 집중하는 시간이 되기를 기도드립니다. 내 생각과 뜻으로 말씀을 이해하지 않고, 하나님의 온전함 안에서 말씀을 받고 분별할 수 있는 지혜를 허락해주시기를 기도드립니다. 나를 비우고 드리는 예배가 되게 하소서.

은혜와 성령 충만한 예배를 위해 섬기는 찬양팀을 위해 기도합니다. 항상 성령 충만함을 허락해주시고, 그들이 먼저 주님 앞에 예배자로 서게 하옵소서. 매 순간 순간의 삶 속에서 주님을 찬양하는 삶이 되기를 기도합니다. 예수님의 이름으로 기도드립니다. 아멘.

10월 3째주 | 눈, 귀, 입, 마음의 금식

말하는 입 금식

"한 입에서 찬송과 저주가 나오는도다 내 형제들아 이것이 마땅하지 아니하니라"(야고보서 3:10)

참 좋으신 하나님, 매일의 삶을 은총의 향기로 가득 채워주신 사랑과 은혜 감사드립니다. 주님의 선하심으로 매일의 삶에 용기와 지혜를 더하여 주시기를 기도드립니다.

주님은 아름다운 것으로 마음을 채워주시는데 저희들의 모습이 주님 앞에 합당하지 않음을 회개합니다. 말로 사람들의 마음에 상처를 줬습니다. 주님, 주님께서 허락하신 입술로 꿀처럼 달콤한 말을 할 수 있기를 기도합니다. 마음에 희망을 주고, 기쁨을 줄 수 있는 말을 하게 하소서. 지혜로운 말을 하도록 저희들의 입술을 주관하여 주소서.

주님을 기쁘게 찬양하는 시간이 되기를 기도드립니다. 주님께서 허락하신 예쁜 입술로 소망을 기도하는 시간이 되게 하소서. 진심으로 온 마음을 다하여 드려지는 예배가 되게 하소서. 귀하신 목사님의 말씀이 땅에 떨어지지 않고 열매 맺는 시간이 되기를 기도드립니다.

교회 안에서 말로 상처주고, 말로 상처받는 일이 일어나지 않기를 기도합니다. 저희들의 입술이 아름답고 선한 말만 하도록 마음을 지켜주시기를 기도드립니다. 상대의 단점을 들춰내기보다 그 단점을 위해 중보해주는 교회가 되게 하소서.
내가 먼저 이해하고, 먼저 사랑과 이해를 행하는 교회가 되기를 기도드립니다. 예수님의 이름으로 기도드립니다. 아멘.

10월 4째주 | 눈, 귀, 입, 마음의 금식

마음을 금식

"네 하나님 여호와께서 네 마음과 네 자손의 마음에 할례를 베푸사 너로 마음을 다하며 뜻을 다하여 네 하나님 여호와를 사랑하게 하사 너로 생명을 얻게 하실 것이며" (신명기 30:6)

참 좋으신 하나님, 한 주 동안 간섭하시며 좋은 것으로 만족케 하시니 감사드립니다. 주님의 선한 영향력이 매일의 삶 가운데 행해질 수 있기를 기도드립니다.

주님, 한 주를 돌아보면, 사단이 주는 감정에 많이 넘어졌음을 고백합니다. 주님의 선한 인도하심을 잘 따라가지 못한 모습을 회개합니다. 나쁜 마음은 절제하게 하시고, 기쁨과 감사는 충만하게 하소서. 주님께서 저희 마음을 주관하여 주셔서 사단이 틈타지 않기를 기도합니다.

저희들의 마음에 온전히 주님을 향한 사모함만 가득한 시간이 되기를 기도드립니다. 주님을 기쁘게 찬양하며 주님께 간절히 기도하는 시간이 되게 하소서. 여기 모인 이들이 마음을 열고 서로에게 더 가까이 다가가는 시간이 되게 하소서. 오늘 말씀을 전하실 목사님에게 영육간의 강건함을 허락해 주옵소서.

눈에 보이지 않는 곳에서 헌신하는 이들을 위해서 기도합니다. 그들의 선한 마음이 있는 곳에 항상 은혜가 넘치고 주님의 역사가 이루어지게 하소서. 그들이 헌신할 때, 주님께서는 그들의 인생을 책임져 주시기를 기도드립니다. 예수님의 이름으로 기도드립니다. 아멘.

11월 1째주 | 소원 간구

믿음으로 기도

"믿음의 기도는 병든 자를 구원하리니 주께서 그를 일으키시리라 혹시 죄를 범하였을지라도 사하심을 받으리라" (야고보서 5:15)

참 좋으신 하나님, 매일의 삶 속에서 인자하심으로 지켜주시니 감사드립니다. 주님의 인자하심 안에서 하루하루를 살아갈 수 있기를 기도드립니다.

늘 좋은 것만 주시는 주님께 믿음으로 기도하지 못했던 모습을 회개합니다. 저희가 주님을 온전히 믿고 기대함으로 기도하게 하소서. 기도의 힘을 믿고 늘 기도하는 삶이 되기를 소망합니다.

주님을 갈망하는 예배가 되게 하소서. 뜨겁게 주님을 부르짖으며 간절한 소망을 기도하는 시간이 되기를 기도드립니다. 내 마음, 생각은 내려놓고 온전히 주님 말씀만 따르는 시간이 되게 하시고, 목사님께서 전하실 말씀을 통해 하나님의 뜻을 깨닫는 시간이 되기를 기도합니다.

늘 은혜 가득한 말씀을 전하시는 목사님께 늘 건강과 평안이 가득하기를 기도합니다. 지혜와 권능을 더하여 주시고, 주님의 사역을 잘 감당하게 하옵소서. 또 교회의 많은 사역자들을 위해서도 기도합니다. 목사님을 잘 도울 수 있는 지혜를 더하여 주소서. 사역을 감당할 때마다 함께하셔서 그 과정 속에서 지치지 않고, 더욱 능력을 발할 수 있게 하옵소서. 예수님의 이름으로 기도드립니다. 아멘.

11월 2째주 | 소원 간구

기대하며 맡김

"네 길을 여호와께 맡기라 그를 의지하면 그가 이루시고 네 의를 빛 같이 나타내시며 네 공의를 정오의 빛 같이 하시리로다" (시편 37:5,6)

참 좋으신 하나님, 저희를 이곳에 모이도록 인도해주심에 감사드립니다. 함께 주님을 찬양하고 기도할 수 있는 이 귀한 시간을 허락해 주심에 감사드립니다.

주님, 한 주 동안 얼마나 주님을 의지했는지 돌아봅니다. 많은 일들 가운데 기도보다 저희들의 생각이 앞서 행했던 모든 것을 고백하고 회개합니다. 주님, 어떤 일이든 주님께 맡기며 기도하는 삶을 살게 하소서. 가장 좋은 것을 기대하며 주님께 기도하게 하소서.

주님만을 의지하는 예배가 되기를 기도드립니다. 부족한 저희들을 한없이 사랑하시는 크신 사랑에 의지하게 하소서. 순종함으로 예배 드리고, 주님의 깊으신 뜻을 깨닫게 하소서.

여기 모인 모두가 세상 속에서 살아갈 때, 담대하게 하소서. 주님을 의지하며 기도함으로 살아가는 한 주가 되기를 기도합니다. 예수님의 이름으로 기도드립니다. 아멘.

11월 3째주 | 소원 간구

믿음의 기다림

"보라 인내하는 자를 우리가 복되다 하나니 너희가 욥의 인내를 들었고 주께서 주신 결말을 보았거니와 주는 가장 자비하시고 긍휼히 여기시는 이시니라" (야고보서 5:11)

참 좋으신 하나님, 밝은 아침을 허락해주시고, 하루를 맞이하게 해주신 은혜를 감사드립니다. 주님이 주신 모든 은혜 속에 감사만 가득한 삶이 되기를 기도합니다.

주님, 한 주 동안 많이 감사하지 못했던 모습들을 회개합니다. 주님, 고됨 삶 속에서 주님을 잊어 감사하지 못했던 저희들의 모습을 고백합니다. 좋은 것을 주시는 주님께 감사하는 삶을 살게 하시고, 주님을 기대하게 하소서. 주님이 가장 선한 것으로 채우실 것을 기대함으로 기다리게 하소서.

주님, 겸손한 마음으로 예배를 드리게 하옵소서. 나를 내려놓고 주님만 높이는 시간이 되기를 기도드립니다. 삶 속에서 겪고 있는 많은 문제들, 근심 걱정들을 이 시간에 주님께 맡깁니다.
주님께서 지혜를 허락하시어 능히 해쳐나갈 힘과 능력을 주실 것을 기도드립니다.

주님, 저희가 믿음 안에서 살아 갈 수 있기를 기도드립니다. 지치는 상황의 연속에도 주님을 기대하며 기다리게 하소서. 참아야 하는 모든 순간에 주님이 주시는 인내를 갖게 되기를 기도합니다. 예수님의 이름으로 기도드립니다. 아멘.

11월 4째주 | 소원 간구

놓지 않는 신뢰

"너희는 여호와를 영원히 신뢰하라 주 여호와는 영원한 반석이심이로다" (이사야 26:4)

참 좋으신 하나님, 언제 어디서나 저희를 돌봐주시고, 영원한 안식을 허락해주신 은혜에 감사드립니다. 어떤 순간에도 주님만 의지하는 저희가 되게 하옵소서.

주님보다 사람들을 더 신뢰하며 믿었던 저희의 부족함을 고백하오니, 용서하여 주소서.
주님, 온전한 믿음을 갖기를 소망합니다. 어떤 순간에도 항상 선한 길로 인도하시는 주님을 믿게 하소서. 주님의 끝없는 사랑을 잊지 않게 하소서. 어떤 상황에서도 믿음만은 절대 놓치지 않기를 기도합니다.

주님, 믿음과 주님을 사모함으로 드려지는 예배가 되기를 기도합니다. 예배의 순서마다 주님의 선하신 은혜가 충만하게 하소서.

여기에 모여 예배드리는 모든 이들에게 주님의 복을 가득 부어주소서. 목사님께서 주님의 말씀을 전하실 때 능력을 부어주셔서 놀라운 역사가 이뤄지기를 기도합니다. 예배를 통하여 상한 마음이 위로를 받고, 치유 받는 시간이 되게 하소서. 어느 곳에서든지 늘 주님과 동행하는 삶을 살게 하소서. 믿음 안에서 주님을 바라보고 의지하는 하루하루가 되기를 기도드립니다. 예수님의 이름으로 기도드립니다. 아멘.

11월 5째주 | 소원 간구

선한 소원

"여호와여 내가 주께 대한 소문을 듣고 놀랐나이다 여호와여 주는 주의 일을 이 수년 내에 부흥하게 하옵소서 이 수년 내에 나타내시옵소서 진노 중에라도 긍휼을 잊지 마옵소서" (하박국 3:2)

참 좋으신 하나님, 매 순간마다 돌봐주신 은혜 감사드립니다. 무한하신 사랑으로 저희를 사랑하시는 분은 하나님 밖에 없음을 고백합니다. 저희를 향하신 주님의 끝없는 사랑을 늘 기억하고 감사의 삶을 삵게 하옵소서.

주님께서 늘 저희들의 인생을 돌보아 주십니다. 그러나 저희는 주님을 잊고 살 때가 많음을 고백합니다. 사랑과 은혜 감사하며, 늘 주님과 동행하기를 소망합니다. 또 저희가 선한 소망을 품고 선한 길에서 주님께 쓰임 받는 삶을 살게 하소서.

머리부터 발끝까지 돌보아주신 은혜에 감사의 고백을 드리는 시간이 되게 하소서. 저희의 기도에 주님이 늘 함께 하시며 도와주시길 기도합니다. 주님의 이끄심대로 드려지는 예배가 되기를 기도드립니다. 여기 모인 모든 이들에게 주님의 평안이 충만해지기를 기도합니다.

이 땅의 청년들이 선한 목표를 가지고 열심으로 노력하기를 기도드립니다. 과정 속에 정직한 인내를 허락하시고, 기다림의 여유도 더하여 주소서. 그리고 주님을 모르는 청년들 사이에서 늘 선한 영향력을 끼치는 저희가 되게 하옵소서. 저희 때문에 그들도 주님의 사랑을 알고, 삶의 진정한 이유를 발견하게 되기를 기도합니다. 예수님의 이름으로 기도드립니다. 아멘.

12월 1째주 | 소망

주님만이 소망

"소망의 하나님이 모든 기쁨과 평강을 믿음 안에서 너희에게 충만하게 하사 성령의 능력으로 소망이 넘치게 하시기를 원하노라"
(로마서 15:13)

참 좋으신 하나님, 한 주 동안 주님의 사랑으로 지켜주신 은혜에 감사드립니다. 때마다 주님의 지혜로움을 더하여 주셔서 요동치 않는 삶을 허락해 주심에 감사드립니다.

저희들의 모든 삶이 주님 손에 있음을 알게 하옵소서. 주님, 이젠 주님 없이는 살 수 없습니다. 주님께서 저희들을 지켜주소서.
요행이 가득한 세상 속에서 정직한 마음을 지켜주소서. 빠른 길이 옳다 여기는 세상 속에서 더디더라도, 옳은 인내의 길을 선택하도록 주님의 마음을 허락해 주소서. 매일의 삶속에서 내 생각으로 행하기 전, 먼저 기도하게 하소서. 사랑을 받으려 하기보다 먼저 사랑을 줄 수 있게 하소서. 악을 멀리하지 않게 하시고, 원수를 위해 기도하게 하시며, 사랑하게 하기를 기도드립니다.

주님께 기쁨과 겸손과 순종함으로 드려지는 예배가 되기를 기도드립니다. 여기 모인 모두가 주님과 깊은 교제가 이뤄지는 시간이 되기를 소망합니다. 저희들의 인간적인 소망은 잠시 내려놓고 주님만이 소망이 되는 시간이 되게 하소서. 그 가운데서 저희들을 향한 주님의 마음을 알아가는 시간이 되게 하소서.
삶 속에서도 주님만이 소망이 되시고, 주님의 길만 걸어갈 수 있기를 기도드립니다. 예수님의 이름으로 기도드립니다. 아멘.

12월 2째주 | 소망

소망을 이루는 과정 속에서

"너희를 위한 우리의 소망이 견고함은 너희가 고난에 참여하는 자가 된 것 같이 위로에도 그러할 줄을 앎이라" (고린도후서 1:7)

참 좋으신 하나님, 능력과 지혜를 허락하여 주신 은혜에 감사드립니다. 그 크신 은혜로 모든 상황 속에서 요동치 않는 날들을 지낼 수 있었음에 감사드립니다.

어떤 상황 속에서도 언제나 능력주시는 주님을 기억하게 하소서. 어려울 때 주님을 의지하기보다는 사람을 의지하고자 했음을 고백하오니 용서하옵소서. 전지전능하신 주님만을 바라보고 의지하게 하소서.
선하신 길로 인도하시는 주님만을 의지하기를 기도드립니다. 두려움 앞에서 주님과 멀어질 때가 있습니다. 두려움에 지지 않도록 믿음을 허락하여 주시기를 기도드립니다.

저희들에게 예배를 허락해주셔서 감사드립니다. 예배 가운데 주님과 더욱 가까워지기를 소망합니다. 주님, 오늘도 귀한 말씀을 전해주실 목사님께 성령의 능력을 더하여 주소서. 전하시는 말씀 속에서 저희들이 거듭나고 회복되기를 기도드립니다.

새신자를 위해서 기도합니다. 그들의 삶 가운데 늘 함께 동행해주소서. 낯선 교회 환경 속에서 잘 적응하고 주님의 은혜와 사랑을 더욱 체험하기를 기도드립니다. 예수님의 이름으로 기도드립니다. 아멘.

12월 3째주 | 소망

주님의 청년으로

"너는 청년의 때에 너의 창조주를 기억하라 곧 곤고한 날이 이르기 전에, 나는 아무 낙이 없다고 할 해들이 가깝기 전에 해와 빛과 달과 별들이 어둡기 전에, 비 뒤에 구름이 다시 일어나기 전에 그리하라" (전도서 12:1,2)

참 좋으신 하나님, 하나님을 만난 것은 저희들의 가장 큰 기쁨입니다. 저희에게 먼저 다가와 주신 사랑에 감사드립니다. 주님을 만나 후로 많은 욕심들이 사라졌습니다. 어떤 부귀영화보다도 세상이 줄 수 없는 평안을 주셔서 감사드립니다.

저희가 주님 안에서 살기를 소망합니다. 세상에 살면서 주님을 의지하기 보다는 사람들과 세상을 의지했던 저희의 모습을 회개합니다.
세상 속에서 어떤 것도 의지하지 않고 오직 주님

만을 의지하기를 소망합니다. 주의 선하심과 인자하심만 따라 살게 하소서. 어떤 욕심도 없이 주님의 평안만을 바라며 살게 하소서. 주님께서 주신 은혜를 늘 기억하게 하시고, 주님의 소망을 이루는 청년들이 되기를 기도드립니다.

주님, 이 예배가 모두 하나가 되어 선하신 주님을 찬양하는 시간이 되게 하소서. 예배를 통해서 삶의 지혜와 힘을 얻게 하시고, 세상에서 담대하게 살아가게 하소서. 우선 그전에 주님께 순종함과 사모함으로 예배를 드릴 수 있기를 기도드립니다.

주님, 주님 안에서 저희가 매사에 최선의 노력을 다해 살아가기를 기도합니다. 좌절의 순간에도 주님을 의지하며 믿음으로 일어나게 하소서. 좀 더 부지런하게 살게 하소서. 인터넷과 스마트기기의 문화가 우상이 되지 않게 하소서. 주님의 청년들의 몸과 마음을 지켜주시기를 기도드립니다. 예수님의 이름으로 기도드립니다. 아멘.

12월 4째주 | 소망

새해소망

"너희는 그를 죽은 자 가운데서 살리시고 영광을 주신 하나님을 그리스도로 말미암아 믿는 자니 너희 믿음과 소망이 하나님께 있게 하셨느니라" (베드로전서 1:21)

참 좋으신 하나님, 한 해동안 지켜주신 은혜에 감사드립니다. 아버지께 감사함을 고백하는 매일이 되기를 기도드립니다.

새해 계획 중 지킨 것 보다는 못 지킨 것이 더 많았음을 고백합니다. 열심히 살지 못하고 요행과 게으름을 많이 부렸던 저희 모습을 회개합니다. 주님께 회개와 감사기도를 하며 한 해를 마칠 수 있게 하소서.
그리고 다가올 새해에도 주님께만 소망을 두고 기도하며 시작할 수 있기를 기도드립니다. 주님께서 허락하신 남은 날들에 감사함으로 성실히 살아갈 수 있기를 기도드립니다.

이곳에 모여 예배드릴 수 있도록 모든 환경을 열어주신 은혜에 감사드립니다. 주님을 기대함으로 기쁨으로 드리는 예배가 되기를 기도드립니다. 주님, 어떤 상황에도 주일을 지킬 수 있는 믿음을 허락해주소서. 흔들릴 때도 많지만, 예배만큼은 지키고자 하는 마음의 태도를 저희 마음에 새겨 주시기를 기도드립니다.

본격적인 겨울이 시작되었습니다. 주님, 저희들이 춥고 배고픈 이들을 돌아보는 겨울을 보낼 수 있게 하소서. 사람들 마음마다 사랑을 부어주소서. 예수님의 사랑을 실천하는 삶이 되기를 기도드립니다. 예수님의 이름으로 기도드립니다. 아멘.

2. 대학·청년부 예배 헌금을 위한 대표기도문

1. 하나님께서 열납하시는 제물

복을 누리게 하신 하나님, 하나님께서 저희들을 사랑하시되 끝까지 사랑해 주셨음에 감사하여 주님의 자녀들이 자신이 가진 모든 것을 우리 아버지 앞에 내어놓습니다. 여호와께 저희들 자신이 열납되기 원하여 예물을 드렸습니다. 복 되게 받아주시고, 주님께 영광을 드리게 하시옵소서. 우리 구주 예수님의 이름으로 기도드립니다. 아멘.

2. 주께 받은 모든 것

행사를 형통하게 하시는 여호와여, 지난 한 주간의 삶이 시냇가에 심은 나무가 시절을 좇아 과실을 맺음과 같게 하셨기에 감사드립니다. 잎사귀가 마르지 않게 하신 은혜에 감격하여 그 받은 귀한 선물을 다 주님께 바치기를 소망합니다. 이 헌금으로 인해 하늘에는 영광이며, 교회는 부흥되게 하시옵소서. 우리 구주 예수님의 이름으로 기도드립니다. 아멘.

3. 부요케하시는 하나님

예부터 도움이 되시는 하나님, 주님의 은혜를 입은 자녀들에게 재물과 부요를 주셨음을 감사하여 예물을 드립니다. 여호와께로부터 분복을 받아 수고하며 산 것에 합당한 예물이 되게 하시옵소서. 부족함이 없는 재물을 통해서 풍성한 은혜를 받아 그 일부를 여호와께 돌려드리니 받으옵소서. 우리 구주 예수님의 이름으로 기도드립니다. 아멘.

4. 손을 펴신 하나님

곤란 중에도 너그럽게 하신 여호와여, 주께서 주신즉 저희가 취하여 넉넉하게 살아왔음에 감사드립니다. 주께서 손을 펴신 즉 저희가 좋은 것으로 만족하였기에 감사로 예물을 드립니다. 그 베풀어 주신 은총에 감사하여 저희들이 쓰기 전에 주님께 돌려드리니 받으시고, 예물이 주님을 위해 쓰이게 하시옵소서. 우리 구주 예수님의 이름으로 기도드립니다. 아멘.

5. 주님께 받은 은혜

풍성함을 즐기게 하신 하나님, 이 시간에 여호와의 이름에 합당한 영광을 돌리게 하시옵소서. 하나님의 은혜로 살아왔기에, 예물을 가지고 주님의 품으로 나아가기 원합니다. 억지로나 혹은 인색함으로 드리지 않게 하심에 감사드립니다. 지금 저희들의 손에 있는 것이 다 주님의 것이니 받아 주옵소서. 우리 구주 예수님의 이름으로 기도드립니다. 아멘.

6. 긍휼을 베푸시는 하나님

의인에게 복을 주시는 여호와여, 하나님이 우리를 사랑하셨음에 귀한 예물로 감사드립니다. 여호와의 큰 사랑을 인하여 저희들의 삶은 풍요했습니다. 그 은혜와 사랑에 감사하여 이 예물을 드릴 때, 받으시고 영광을 나태시옵소서. 이 헌금이 쓰여 질 때, 주님을 위해 쓰이게 하시옵소서. 우리 구주 예수님의 이름으로 기도드립니다. 아멘.

7. 부족함 없으신 나의 주

영화와 존귀로 관을 씌어주신 하나님, 새끼가 어미의 품에서 젖을 빠는 것 같이 여호와의 품에서 부족함이 없었기에 감사드립니다. 젖을 넉넉히 빤 것 같이 그 영광의 풍성함을 인하여 즐겁게 지낸 저희들입니다. 그 사랑에 보답하여 예물을 드릴 때 받으옵소서. 우리 구주 예수님의 이름으로 기도드립니다. 아멘.

8. 풍족케하신 하나님

긍휼히 여기시는 여호와여, 아버지 하나님의 사랑으로 아름다운 집을 짓고 거하던 저희들입니다. 지금, 먹어서 배부른 삶을 살아왔기에 감사함으로 드리는 예물을 받으옵소서. 하나님의 영광을 위해서 드리는 손에 겸손의 은혜를 주시옵소서. 이 예물이 쓰여 주님의 뜻이 더욱 이루어지기 원합니다. 우리 구주 예수님의 이름으로 기도드립니다. 아멘.

9. 드릴 수 있음에 감사

소원을 들어주시는 하나님, 하나님 여호와께서 복을 주신대로 살아온 날들이라 감사의 예물을 준비했습니다. 이 시간에 저희들이 드리는 자원하는 예물입니다. 영광 중에 받으시고, 저희들은 구주 앞에 모두 내어드리는 은혜를 누리게 하옵소서. 이 예물로 교회도 부흥을 보게 하시옵소서. 우리 구주 예수님의 이름으로 기도드립니다. 아멘.

10. 모든 것을 드릴 수 있음에 감사

영원히 찬송을 받으실 여호와여, 주님의 자녀들에게 소망의 하나님을 누리게 하셨음에 감사드립니다. 모든 기쁨과 평강을 믿음 안에서 충만케 하셨던 은혜에 예물로 영광을 드리려 하오니 받으옵소서. 성령의 능력으로 소망이 넘치게 하심을 즐기며 몸과 마음을 묶어서 드리는 예물이 되기 원합니다. 우리 구주 예수님의 이름으로 기도드립니다. 아멘.

11. 지키시고 보호하시는 주

저희들의 걸음을 지켜주시는 하나님, 때마다, 일마다 주님의 손이 함께 하셨던 삶을 살아왔습니다. 주님의 은택을 입어 감사의 예물을 드립니다. 여호와의 마음에 드는 감사가 되게 하시옵소서. 이 예물을 받으시고, 은혜를 더해 주옵소서. 구별해서 드린 예물로 주님의 나라는 더욱 영원하기 원합니다. 우리 구주 예수님의 이름으로 기도드립니다. 아멘.

12. 찬양받기 합당하신 이름

성도의 힘이 되시는 여호와여, 주님의 은혜로 살아온 지체들이 그 마음에 정한대로 예물을 드립니다. 성령님의 감화에 인색함으로나 억지로 바치지 않게 하시니 영광을 받으옵소서. 하나님께서는 즐겨 내는 자를 사랑해 주시고, 그 받은 귀한 선물을 다 주님께 바치기를 소망하게 하시옵소서. 우리 구주 예수님의 이름으로 기도드립니다. 아멘.

13. 여호와의 이름에 합당한 영광

아름다운 복으로 채우시는 하나님, 이 거룩한 날에 여호와의 이름에 합당한 영광을 예물을 통해서 돌려드리게 하시옵소서. 감사와 감격에 찬 예물을 가지고 여호와 앞에 내려놓게 하시옵소서. 복되게 하셨음에 감사한 예물을 드림으로써 주님을 경배합니다. 이 모든 것이 다 주님께로부터 왔으니 받으옵소서. 우리 구주 예수님의 이름으로 기도드립니다. 아멘.

14. 만유의 주인

도우시는 여호와여, 주님의 긍휼히 여기심이 저희들에게 임하여 지난 한 주간의 생활도 부요하였습니다. 모자람이 없고, 넉넉함 속에서 주신 은혜를 찬송하며 지내던 저희들이 예물을 드리니 받으옵소서. 이 예물을 드릴 때, 받으시고 만유의 주인이 되시는 하나님의 영광을 나타내시옵소서. 우리 구주 예수님의 이름으로 기도드립니다. 아멘.

15. 우리의 향유옥합

의의 길로 인도하시는 하나님, 주님의 은혜가 크셔서 마리아와 같은 심정으로 나아왔습니다. 옥합을 깨뜨렸던 사랑으로 예물을 드리니 받으옵소서. 주님을 기쁘시게 해드리고, 이 땅에 하나님의 영광이 이루어지는 예물이 되기 원합니다. 여기에 모인 이들이 주님을 사랑하여 아낌없이 드리게 하시옵소서. 우리 구주 예수님의 이름으로 기도드립니다. 아멘.

16. 여호와의 얼굴

은혜를 바라게 하신 여호와여, 지난 주간에 저희들의 삶은 날마다 여호와의 얼굴을 보는 것이었습니다. 그 얼굴을 주님의 백성들에게 비춰셔서 번성으로 복된 삶을 살았습니다. 이에 예배하러 나오면서 예물을 준비했으니 드리는 손길, 손길이 하나님께 영광을 드리고 복되게 하시옵소서. 우리 구주 예수님의 이름으로 기도드립니다. 아멘.

17. 주를 위하여 펴는 손

힘과 방패가 되시는 하나님, 여호와께서 넘치도록 풍족하게 하셨음을 즐거워합니다. 마른 땅에 단비를 내리신 하나님의 손에 영광을 돌려 드립니다. 언제나 저희들에게 처음의 복보다 더하게 하신 긍휼을 찬송합니다. 예물을 바치는 손길로 기쁨으로 섬기며 여호와의 이름을 높이게 하옵소서. 우리 구주 예수님의 이름으로 기도드립니다. 아멘.

18. 초장의 양 떼와 골짜기의 곡식

평강의 복을 주시는 여호와여, 저희들의 생활을 통해서 초장에는 양떼가 입혔고 골짜기에는 곡식이 덮였음을 보게 하셨음에 감사드립니다. 세세하게 간섭하시고, 도우신 주님의 은혜에 저희가 다 즐거이 외치고 또 감사의 예물을 바칩니다. 하나님의 것을 구별하여 돌려드릴 때, 영광을 받으옵소서. 우리 구주 예수님의 이름으로 기도드립니다. 아멘.

19. 기쁨으로 드리는 예물

요동치 않게 하시는 하나님, 여호와께 감사의 예물을 드리며 주님을 기쁘시게 해드리기 원합니다. 지난 주간에 저희들에게 나타내주신 은혜를 이 희생으로 다 갚을 수 없으나 모든 것을 우리 아버지 앞에 내어놓을 때, 받으옵소서. 이 헌금이 교회 안에서 쓰여질 때, 영광이 되기를 소망합니다. 우리 구주 예수님의 이름으로 기도드립니다. 아멘.

20. 풍성케하신 하나님

구원의 노래로 에우시는 하나님, 지난 한 주간에도 저희들의 창고와 손으로 하는 모든 일에 복을 내리셨음에 감사드립니다. 여호와께서 저희들에게 주신 삶의 자리에서 땀을 흘리며 지내게 하시고, 소득도 얻게 하셨기에 감사의 예물을 바칩니다. 부요한 재물을 통해서 풍성하였으니 영광을 받으옵소서. 우리 구주 예수님의 이름으로 기도드립니다. 아멘.

21. 보호하심의 은혜

소원을 이루어 주시는 여호와여, 주님의 긍휼이 그치지 않게 하셨음을 본 주의 백성들이 예물을 바칩니다. 삶의 현장에서 저희들 각 사람이 인자와 진리로 보호하시는 하나님의 손길을 보았습니다. 그 은혜가 넘쳐 예물을 드리오니, 받아 주시고 오직 여호와의 영광을 나타내시옵소서. 우리 구주 예수님의 이름으로 기도드립니다. 아멘.

22. 주님의 인자하심

즐겁고 기뻐하게 하신 여호와여, 저희들을 향하신 여호와는 은혜로우시며 자비하셨습니다. 지난 주간에 저희들에게 다가오신 하나님은 인자하심이 크신 아버지셨습니다. 이에 은혜가 크고, 감사함이 넘쳐서 예물을 드립니다. 주신 것에 비하여 보잘 것이 없으나, 하나님의 영광을 드러내게 하시옵소서. 우리 구주 예수님의 이름으로 기도드립니다. 아멘.

23. 구별해서 드리는 예물

늘 찬송하게 하시는 하나님, 주님께서 베풀어주신 은혜를 생각할 때, 힘이 미치는 대로 감사하게 하시옵소서. 여호와 앞에 서원한대로 예물을 구별해서 드리게 하시옵소서. 감사의 예물을 드릴 때, 거룩하게 구별하는 법을 따라 바치게 하옵소서. 사랑하는 구주 앞에 모두 드리는 은혜를 주시옵소서. 우리 구주 예수님의 이름으로 기도드립니다. 아멘.

24. 채우시는 하나님

지켜주시는 여호와여, 주님의 자녀들에게 주님 안에서 영광 가운데 지내게 하셨음을 기억합니다. 지난 주간의 생활은 여호와의 풍성하심 그대로 은혜를 누린 삶이어서 감사의 예물을 드립니다. 모든 쓸 것을 채워주신 손길에 감사하여 예물을 드릴 때, 저희 자신을 바침이 되게 하시옵소서. 우리 구주 예수님의 이름으로 기도드립니다. 아멘.

25. 약속을 갚는 은혜

영영히 견고케 하신 여호와여, 이 시간에 감사로 하나님께 제사를 드리기 원합니다. 지극히 높으신 자에게 서원했던 은혜를 갚아 드립니다. 주님께서 베풀어주신 것들이 너무도 많으나 하나님의 것을 구별하여 돌려드리고 주신 복에 감사함이 상달되게 하시옵소서. 믿음으로 드리는 예물을 받으옵소서. 우리 구주 예수님의 이름으로 기도드립니다. 아멘.

26. 받으시는 예물

출입을 지켜주시는 하나님, 지금 주님의 자녀들이 자신이 가진 모든 것을 우리 아버지 앞에 내어놓습니다. 아무 흠이 없는 온전한 것이 되게 하시옵소서. 그 받은 귀한 선물을 다 주님께 바치기를 소망합니다. 이 헌금에 복을 내려 주옵소서. 귀한 예물을 다루는 종들에게도 복을 주시옵소서. 우리 구주 예수님의 이름으로 기도드립니다. 아멘.

27. 심은대로 거두게 하심

평강으로 이끄시는 여호와여, 주님께서 베풀어주신 것이 많아 감사, 감격하여 예물을 드립니다. 하늘의 은혜에 보답하고자 예물을 준비했사오니 받으시고 하나님께 영광이 되기 원합니다. 지금, 저희들이 하늘의 원리에 따라 많이 심어 많이 거두는 복에 참여하게 하시옵소서. 우리 구주 예수님의 이름으로 기도드립니다. 아멘.

28. 때에 따라 내리시는 비

앉고 일어섬을 인도하시는 하나님, 주님의 백성들이 하나님 여호와로 인하여 기뻐하게 하셨음에 감사드립니다. 저희를 위하여 비를 내리시되 이른 비를 적당하게 주신 여호와를 찬송합니다. 드리는 손에 겸손의 은혜를 내려 주옵소서. 이 헌금이 쓰여질 때, 하나님의 영광이 크게 나타나게 하시옵소서. 우리 구주 예수님의 이름으로 기도드립니다. 아멘.

29. 자원하여 드리는 예물

때를 따라 식물을 주신 하나님, 복을 누린 지체들이 그 사랑에 보답하여 예물을 드렸습니다. 저희들 각자의 삶의 자리에서 받은 은혜에 따라 자원하여 바칩니다. 주님께 바칠 예물을 구별하게 해 주셨으니, 사랑하는 구주 앞에 모두 드리는 예물이 여호와께 영광이 되기를 소망합니다. 우리 구주 예수님의 이름으로 기도드립니다. 아멘.

30. 한량없는 은혜

성소에서 찬양받으실 여호와여, 여호와께서 베풀어주신 것이 많아 감사의 예물을 드립니다. 여호와의 은혜를 노래하여 그 행사를 선포하는 예물이 되게 하시옵소서. 지금, 하나님의 것을 구별하여 돌려드리고 주신 복에 감사할 때, 영광을 받으옵소서. 이 헌금이 주님께 영광 되기 원하며, 예물을 다루는 일에 쓰임을 받는 종들을 복 주옵소서. 우리 구주 예수님의 이름으로 기도드립니다. 아멘.

3. 대학·청년부 예배
   셀모임을 위한 대표기도문

1. 평강의 하나님

"아무 것도 염려하지 말고 다만 모든 일에 기도와 간구로, 너희 구할 것을 감사함으로 하나님께 아뢰라 그리하면 모든 지각에 뛰어난 하나님의 평강이 그리스도 예수 안에서 너희 마음과 생각을 지키시리라"(빌립보서 4:6-7)

사랑의 하나님, 감사합니다. 오늘도 우리에게 새 날을 허락하시고 새 생명을 허락하셔서 감사합니다.

주님, 우리가 주를 위해 살겠다고 하면서도 온전하지 못한 모습으로 세상 가운데 빠져 살았습니다. 이 시간에 우리의 죄를 주의 보혈의 피로 깨끗케 하여 주옵시고 우리가 주를 의지함으로 나아가오니 우리를 정케하여 주옵소서.

우리의 모든 것을 아시는 주님, 우리가 우리의 모든 생각과 고집과 문제를 주님 앞에 내려놓으니 주께서 간섭하여 주옵소서. 평강의 하나님께서 좌정하여 주셔서 우리에게 주님이 주시는 평안이 넘쳐나게 하여 주옵소서.

오늘 우리의 모든 시간을 주님께 올려드립니다. 이 시간, 성령 하나님께서 함께하여 주셔서 우리가 성령으로 하나 되게 하시고 우리가 함께 모여 주님 안에서 예배하고 서로의 마음을 나눌 때에 주님의 일하심을 보게 하여 주옵소서. 감사드리며 예수님의 이름으로 기도드립니다. 아멘.

2. 우리의 예배를 원하시는 하나님

"아버지께 참되게 예배하는 자들은 영과 진리로 예배할 때가 오나니 곧 이 때라 아버지께서는 자기에게 이렇게 예배하는 자들을 찾으시느니라 하나님은 영이시니 예배하는 자가 영과 진리로 예배할지니라"(요한복음 4:23-24)

여호와 주님, 주님을 찬양합니다. 오늘 하루를 허락하시고 우리를 사랑하셔서 하나로 불러 모아 주시니 감사합니다.

이 시간, 주님 앞에 나아갈 때 우리의 죄를 회개하기 원합니다. 정결하지 못한 우리의 모습을 용서하여 주옵소서.

하나님 아버지, 오늘 이 자리에 하나님을 갈망함으로 나아온 자들이 있습니다. 주를 예배함으로 주의 얼굴을 구하오니 이 시간 우리를 만나주옵소서. 이 예배가 주님께서 기뻐받으시는 예배가 되기 원합니다. 우리가 세상의 헛된 것에서 우리의 만족을 찾을 수 없음을 고백하오니 주의 사랑으로 채워주옵소서.

우리가 주의 이름으로 모인 이곳에 함께 하여 주옵시고 성령님께서 우리의 모임 가운데 주장하여 주셔서 온전히 주님의 선한 것들만이 선포되어지는 모임이 되게 하여 주옵소서. 모든 시종을 주님께 맡겨드립니다.
우리의 왕되신 주님을 찬양합니다. 예수님의 이름으로 기도드립니다. 아멘.

3. 우리의 길을 인도하시는 하나님

"여호와는 나의 목자시니 내게 부족함이 없으리로다 그가 나를 푸른 풀밭에 누이시며 쉴 만한 물가로 인도하시는도다 내 영혼을 소생시키시고 자기 이름을 위하여 의의 길로 인도하시는도다"(시편 23:1-3)

만물을 주관하시는 하나님, 우리를 자녀로 삼아주시고 나를 사랑해주시니 참으로 감사드립니다.

그러나 주님, 우리는 하나님 아버지의 마음을 잊어버린 채, 우리의 정욕과 즐거움을 따라 살고 있음을 회개합니다. 또한 때로는 하나님 아버지의 이름을 부끄럽게 여기며 살아갔음을 용서하여 주옵소서.

갈 바를 알지 못해 방황하고 헤매이는 우리이지만 우리의 목자되신 주님을 더욱 의지합니다. 우리보다 앞서 행하시며 일하시는 주를 바라보며 주님

손을 붙잡고 나아가오니 주여, 우리가 걸을 때 우리 발의 등불을 비춰주옵소서.

오늘도 우리가 아버지의 마음을 더욱 알기 위해 모였습니다. 성령 하나님, 주의 말씀을 조명하여 주셔서 이 시간 우리 한 사람, 한 사람에게 말씀하시는 것을 듣고 깨닫는 시간 되게 하여 주옵소서. 주님을 간절히 사모합니다. 함께 하여 주옵소서. 사랑이 많으신 예수님의 이름으로 기도드립니다. 아멘.

4. 생명의 말씀되신 하나님

"하나님의 말씀은 살아 있고 활력이 있어 좌우에 날선 어떤 검보다도 예리하여 혼과 영과 및 관절과 골수를 찔러 쪼개기까지 하며 또 마음의 생각과 뜻을 판단하나니"(히브리서 4:12)

여호와 주님, 주의 이름이 어찌 그리 아름다운지요. 아름다우신 주의 이름을 높여드립니다. 홀로 영광 받아주옵소서.

주님, 우리의 있는 모습 그대로 주님 앞에 나아갑니다. 우리의 더러운 죄를 보혈의 피로 깨끗이 씻어 주옵시고 순결함으로 나아갈 수 있도록 도와주옵소서.

우리를 사랑하셔서 우리에게 말씀을 주신 하나님, 우리의 모든 순간순간마다 우리의 모든 때마다 주의 말씀이 우리 안에 살아 움직이게 하여 주셔서 하나님께서 주신 말씀이 우리를 살게 하여 주옵소서.

오늘의 모임 가운데 선포되어지는 주의 말씀을 통하여 주님을 더 알게 하시고 주님을 더 닮아가는 새벽이슬같은 주의 청년들이 되게 하옵소서.

우리의 모임 가운데 함께 하실 주님, 감사합니다.

예수님의 이름으로 기도드립니다. 아멘.

5. 우리의 영원한 기쁨 되시는 하나님

"비록 무화과나무가 무성하지 못하며 포도나무에 열매가 없으며 감람나무에 소출이 없으며 밭에 먹을 것이 없으며 우리에 양이 없으며 외양간에 소가 없을지라도 나는 여호와로 말미암아 즐거워하며 나의 구원의 하나님으로 말미암아 기뻐하리로다"(하박국 3:17-18)

사랑의 주님, 한량없는 주님의 은혜에 감사드립니다. 우리에게 주어진 오늘 하루가 주의 은혜임을 다시 한번 깨닫게 하시고 우리의 삶에 주님을 향한 감사의 찬양이 끊이지 않게 하옵소서.

그러나 우리가 주의 은혜를 잊으며 살아갈 때가 얼마나 많은지요. 때로는 하나님보다 세상과 물질과 사람에 마음을 빼앗겨 우리 안에 하나님이 아닌 다른 우상을 섬겼던 것을 회개합니다.
이 세상의 그 어떤 것으로도 우리의 만족함을 채

울 수 없음을 고백하오니 이곳에 모인 우리 모두가 주님 안에서 참된 기쁨을 누리게 하여 주옵소서. 그 기쁨이 우리를 통하여 이 세상 가운데에도 넉넉히 흘러가게 하여 주옵소서.

하나님께서 우리의 슬픔이 변하여 기쁨이 되게 하실 줄 믿습니다. 우리가 주님 한분만으로 기뻐하는 자들이 되게 하여 주옵소서. 오늘도 주님의 임재하심을 기다리고 소망합니다. 우리의 사랑되신 예수님의 이름으로 기도드립니다. 아멘.

6. 합력하여 선을 이루시는 하나님

"자녀들아 우리가 말과 혀로만 사랑하지 말고 행함과 진실함으로 하자"(요한일서 3:18)

왕이신 나의 하나님, 우리를 불꽃같은 눈동자로 지키시며 보호하셔서 주님을 예배할 수 있음에 감사합니다.

하나님, 우리 안에 사랑이 없음을 고백합니다. 주님께 받은 사랑을 전하지 않고 우리의 혈기과 분냄으로 오히려 내 이웃을 미워하고 아프게 했습니다. 주여, 우리의 악함을 용서하여 주옵소서. 우리의 선하지 못한 모든 것들을 이 시간 깨닫게 하옵소서.

아버지, 우리가 우리의 눈을 들어 주를 보게 하옵소서. 우리의 상처와 아픔을 보는 것이 아니라 우리의 죄를 위해 십자가에 달리신 예수 그리스도를 보게 하여 주옵소서. 예수님의 대속의 은혜를 깨닫게 하시고 주님이 나를 사랑해주신 것처럼 우리도 내 이웃을 내몸같이 사랑하는 자들이 되게 하옵소서.

우리가 이 시간 마음모아 간구하는 것은 주님이 주신 말씀처럼 행함과 진실함으로 사랑하는 자들이 되기를 소원합니다. 우리가 함께 나눌 때에 주의 사랑이 더욱 커져가게 하시고 우리가 서로를 이해하고 용납하고 사랑하는 귀한 시간이 되게 하옵소서. 주님, 사랑합니다. 예수님의 이름으로 기도드립니다. 아멘.

7. 우리가 의뢰하는 하나님

"너는 마음을 다하여 여호와를 신뢰하고 네 명철을 의지하지 말라 너는 범사에 그를 인정하라 그리하면 네 길을 지도하시리라"(잠언 3:5-6)

거룩하신 하나님 아버지, 우리를 주님을 예배하는 자리로 불러주시고 하나님을 예배하는 예배자로 세워주시니 감사합니다.

우리는 눈 앞에 놓여진 것 밖에는 볼 수 없는 연약한 인간이지만 이것을 잊어버리고 매일의 순간 가운데 자신의 힘을 의지하고 자신의 생각과 경험을 의지하며 삽니다. 그래서 이것이 우리의 우상이 될 때가 있음을 고백합니다. 하나님, 우리의 교만함과 완악함을 용서하여 주옵소서.

주님만 바라보오니 친히 찾아오셔서 말씀하여 주

옵소서. 우리의 생각으로는 생각할 수 없는 놀라운 일을 우리에게 행하여 주옵소서. 주님을 의뢰합니다. 주님을 앙망합니다. 우리의 마음을 받아주옵시고 우리의 길을 밝히 비춰주옵소서.

우리가 주님 안에서 함께 나누는 시간을 갖습니다. 우리의 모임이 주님의 기쁨이 되게 하시고 믿음의 공동체 안에서 믿음으로 함께 나눌 때에 이 시간들을 통하여 일하여 주시고 주님이 주시는 기쁨이 넘쳐나게 하여 주옵소서. 모든 것 되시는 예수님의 이름으로 기도드립니다. 아멘.

8. 가난한 마음을 보시는 하나님

"심령이 가난한 자는 복이 있나니 천국이 그들의 것임이요"(마태복음 5:3)

사랑이 많으신 하나님, 오늘도 우리를 사랑하시고 보호하시며 주님의 인도하심 가운데 함께 모이게 하시니 감사합니다.

주님 앞에 나아갈 때 우리의 마음에 정결하지 못함을 용서하여 주옵소서. 생각으로 지은 죄, 마음으로 지은 죄, 행동으로 지은 죄를 예수 그리스도의 보혈의 피로 깨끗케하여 주옵소서.

하나님, 이곳에 모인 믿음의 동역자들을 위해 함께 기도합니다. 상하고 찢어진 마음으로 주님 앞에 나아가오니 우리의 가난한 마음을 받아주옵소서. 우리의 약함이 하나님의 강함을 나타내는 능력이 되는 줄 믿사오니 이 시간, 우리의 가난한 마음을 살펴보시고 위로하여 주옵소서. 이 시간들을 통하여 우리가 현실 너머에 있는 하나님의 놀라운 계획하심을 바라보게 하여 주옵소서.

이 시간, 주의 말씀을 대합니다. 두렵고 떨리는 마음으로 주님 앞에 나아가오니 우리를 만나주옵소서. 우리의 나눔 가운데 주님이 주시는 평안이 넘치게 하시고 하나님으로부터 오는 위로가 있게 하여 주옵소서. 우리의 모든 시간을 주님의 손에 올려드립니다. 유일한 자랑되신 예수님의 이름으로 기도드립니다. 아멘.

9. 성령으로 하나되게 하시는 하나님

"평안의 매는 줄로 성령이 하나 되게 하신 것을 힘써 지키라"(에베소서 4:3)

거룩하신 하나님, 오늘도 우리를 사랑하시고 예배할 수 있는 모든 것을 축복해주셔서 우리가 신령과 진정으로 주를 예배하게 하시니 감사합니다.

주의 전에 나아올 때 우리의 거룩하지 못한 모습들을 회개합니다. 헛된 것을 좇아 하나님을 등한시했던 우리의 어리석은 모습들을 용서하여 주시고 우리가 다시 주 앞에 엎드리오니 우리의 주홍같이 붉은 죄를 양털처럼 흰 눈처럼 깨끗케하여 주옵소서.

예배 가운데 임하시는 성령 하나님, 우리의 마음을 어루만져 주옵소서. 상한 마음을 가지고 나온 지체들을 위로하여 주옵시고 그 심령에 치료의 손길로 어루만져 주시옵소서.

하나님께서 허락하신 이 공동체가 성령으로 하나 되게 하시고 우리가 성령으로 한 마음과 한 뜻이 되어 같은 말을 하는 자들이 되게 하셔서 이 공동체가 하나님의 사랑을 전하는 공동체로 사용되어지도록 인도하여 주옵소서. 우리에게 예배를 허락하시고 만남의 축복을 허락하신 주님, 감사합니다. 예수님의 이름으로 기도드립니다. 아멘.

10. 오래 참으시는 하나님

"인내를 온전히 이루라 이는 너희로 온전하고 구비하여 조금도 부족함이 없게 하려 함이라"(야고보서 1:4)

만군의 주 여호와여, 아무도 멸망하지 않게 오래 참으시고 기다려주시는 하나님을 우리가 찬양할 수 있는 것이 얼마나 큰 은혜인지 깨닫게 해주시니 감사드립니다.

주님의 은혜를 입은 자로서 세상 가운데 온전히 살아가지 못한 죄를 이 시간 회개합니다. 주님의 사랑을 흘려보내기보다 인내하지 못하고 입술과 행동으로 분내고 독을 품은 말을 내뱉은 어리석은 모습을 용서하여 주옵소서. 참기보다 우리의 감정대로 살아간 모습을 용서하여 주옵소서.

하나님, 우리의 모든 순간마다 우리의 마음을 주장하여 주셔서 오래 참으시는 주님의 성품을 닮아가게 하여 주옵소서. 인내함으로 사랑하고 용서하고 용납하는 자가 되게 하여 주옵소서. 우리의 마음에 오직 예수님만 살게 하옵소서.

우리의 힘으로는 할 수 없습니다. 성령님, 우리를 도우시고 이끌어 주옵소서. 우리의 모든 것 되신 주님을 찬양합니다. 모든 것을 맡겨드리며 예수님의 이름으로 기도드립니다. 아멘.

4. 대학·청년부 예배 심방을 위한 대표기도문

일반 가정축복

1. 하나님의 은혜와 긍휼과 평강

"은혜와 긍휼과 평강이 하나님 아버지와 아버지의 아들 예수 그리스도께로부터 진리와 사랑 가운데서 우리와 함께 있으리라"(요이 1:3)

은혜가 풍성하신 하나님, 이스라엘 하나님 여호와께서 ○○○ 지체의 가족에게 평강을 주시고 영원히 거하시니 찬양을 드립니다. 주님의 이름으로 심방한 저희들에게도 평안을 주옵소서.

○○○ 지체의 가정을 아침마다 새롭게 하시고, 날마다 드리는 기도가 응답되는 복을 허락하옵소서. 지금까지도 온 가족이 하나님을 경외하게 하심에 감사드립니다.

보좌에서 복을 주시는 여호와여, 가정에서 드리는 찬송이 하늘에 닿기를 소망합니다. 천사들이 화답하여 하나님을 높이는 찬송이 울려 퍼지게 하옵소서. OOO 지체와 이 가정의 권속들이 들어야 하는 생명의 말씀이 선포되기를 간절히 원합니다. 그 말씀이 축복과 위로가 되게 하옵소서.

저희들로 하여금 범사에 여호와를 인정하게 하셨음에 감사드립니다. 오늘도 마음을 다하여 하나님을 의뢰하는 OOO 지체를 인도해 주실 줄로 믿습니다. 그의 발에 등이 되시고, 그의 길에 빛이 되어주심을 믿습니다. 이 가정이 평안하며 문제들이 해결되는 은혜의 시간이 되게 하옵소서.

마음의 소원을 이루어주시는 여호와의 은혜를 나타내주옵소서. 주님께서 우리를 위하여 가난하게 되셨으니 이 가정에 물질의 복이 넘치게 하옵소서. 남들에게 베풀고 어려운 이들을 도와도 모자람이 없는 넉넉한 재물을 취하게 하옵소서.
날마다 가정에서 필요한대로 풍성하게 채워 주옵소서. 우리 주 예수님의 이름으로 기도드립니다. 아멘.

일반 가정축복

2. 굳게 해야 할 부르심과 택하심

"그러므로 형제들아 더욱 힘써 너희 부르심과 택하심을 굳게 하라 너희가 이것을 행한즉 언제든지 실족하지 아니하리라"(벧후 1:10)

구원의 뿌리이신 하나님, 영화와 존귀로 관을 씌우시는 하나님의 은혜가 OOO 지체의 가정에 넘침을 감사드립니다. 그 은혜로 이 가정이 여호와 앞에서 복되게 하시고, 아침마다 새롭게 하옵소서.

생명의 빛으로 인하여 이 가정이 주님을 믿게 하심에 감사드립니다. 예수님을 구주로 믿고 구원 얻어 하나님의 영광을 위해서 사는 목표를 주셨습니다. 높은 데 계신 여호와여, 하나님의 사랑이 저희들을 이곳으로 불러 예배드리게 하셨습니다. 주님을 사랑하여 이곳에 모였으니 마음을 다하여 대속의 십자가를 지신 주님의 사랑을 찬양하게 하소서. 이 예배를 통해서 복된 가정에서 자녀들은 부모에게 효도하고, 부모들은 주의 교양과 훈계로 자녀들을 키우게 하옵소서.

제자들이 바다에 나갔을 때 큰 물결이 배에 덮이게 되자 바람과 바다를 잔잔케 하셨던 주님의 능력이 지체의 가정에 임하게 하옵소서. 이 시간에 성령님의 충만하심으로 지체의 가정에 부는 풍랑을 잔잔케 하옵소서. 질병과 생활의 어려움을 해결해 주옵소서.

지체가 하나님의 자녀가 된 이후에 주님을 사모하면서 살아오셨으니 그 사랑이 더욱 커지게 하옵소서. 주님의 자녀로의 부르심과 택하심을 굳게 하는 은혜를 주옵소서. 날마다 임마누엘의 신앙을 가지고 세상을 이기게 하옵소서. 성령님의 충만하신 능력을 받아 승리하며 헌신하는 종이 되게 하옵소서. 모든 것을 아시는 우리 주 예수님의 이름으로 기도드립니다. 아멘.

일반 가정축복

3. 믿는 도리를 굳게 잡으라

"그러므로 우리에게 큰 대제사장이 계시니 승천하신 이 곧 하나님의 아들 예수시라 우리가 믿는 도리를 굳게 잡을지어다"(히 4:14)

여호와 우리 주여, 여호와께서 OOO 지체와 함께 하셔서 이 집안의 권속들이 하는 일에 형통하게 하신 은혜에 감사드립니다.

이 땅에 많은 가정이 있지만 OOO 지체의 가정을 거룩하게 해주셨음에 감사드립니다. 온 가족이 하나님을 경외함으로써 서로를 이해하고 사랑하게 하옵소서. 서로를 섬기는 아름다운 가정을 이루어 가게 하옵소서.

위대하신 하나님, 저희가 선택받았음에 감사하면서 예배하러 왔습니다. 이 땅에서 부모를 공경하

듯이 하나님께 경건한 예배를 드리도록 인도하옵소서. 정결한 마음으로 여기에 모인 성도들에게 복을 내려주옵소서. 목사님께서 전하시는 말씀에 감격하는 은혜를 누리게 하옵소서. 생명의 말씀에서 마땅히 지키고 따를 길을 알게 하옵소서.

날마다 지체를 지켜주심을 믿습니다. 이제까지 그를 사랑해 주셨던 손길로 만져 주옵소서. 하나님의 얼굴을 그에게 돌리시어 복된 삶을 살게 하옵소서. 크신 은총으로 평강을 누리게 하시고, 하나님의 은혜가 해 같이 빛나기를 원합니다. 지체를 시기하고 모함하려던 사탄의 세력을 결박하시고, 주님의 은혜를 기뻐하면서 찬양으로 영광을 돌리게 하옵소서.

OOO 지체가 주님 앞에서 믿는 도리를 굳게 잡고 지내도록 복을 주옵소서. 이 가정에 불행이 없게 하시고 형통한 은혜를 주옵소서. 이 가정이 복된 지체들로 세상으로부터 구별되었으니 그 은혜로 이 가정이 차고 넘치는 복된 생활을 누리게 하옵소서. 예수님의 이름으로 기도드립니다. 아멘.

일반 가정축복

4. 영혼을 깨끗하게 하는 순종

"너희가 진리를 순종함으로 너희 영혼을 깨끗하게 하여 거짓이 없이 형제를 사랑하기에 이르렀으니 마음으로 뜨겁게 서로 사랑하라"(벧전 1:22)

손을 펴시는 하나님, 연약한 자를 지키시는 은혜가 OOO 지체에게 있음을 감사드립니다. 이 땅에서 잠시 수고스러운 삶을 살지만 믿음으로 승리하여 교회에 본이 되는 지체로 인하여 영광을 드립니다.

갈릴리 해변을 찾아오신 주님을 만난 시몬과 안드레가 주님의 말씀에 순종하고 따라나섰던 것처럼, 오늘의 심방을 통해서 이 가정에도 말씀에 순종하는 은혜가 있기를 소망합니다. 제자로 부르심을 받은 이 가정이 하나님의 영광을 바라고 주님의 뜻에 순종하게 하옵소서.

영광을 받으시는 주여, 여기 모인 우리가 이 자리로 불러 주신 하나님을 예배하게 하옵소서. 온전한 마음으로 주님을 경배하기 원합니다. 주님께서 마련해 주신 예배의 자리에서 기쁨의 공동체를 이루게 하옵소서. 생명과 진리의 말씀을 선포하시는 목사님께 성령님의 충만하심이 있기 원합니다. 이 가정이 말씀으로 충만해져서 진리의 풍성함을 누리게 하옵소서.

하나님의 사랑으로 OOO 지체의 가정이 복된 터전이 되게 하셨음에 감사합니다. 주님을 사랑하고, 말씀대로 실천하는 지체가 되게 하옵소서. 성령님의 도우시는 손길로 승리하게 하옵소서.

여호와의 말씀대로 날마다 소성케 되는 은총을 주옵소서. 자기 백성을 만나와 메추라기로 먹이셨던 그 은혜가 지체에게도 나타나기를 원합니다. 옷이 해어지지 않고 양식이 떨어지지 않게 하시며, 얻고자 하는 이에게 후히 대접하게 하옵소서. 주 예수님의 이름으로 기도드립니다. 아멘.

일반 가정축복

5. 잠잠히 하나님만 바라라

"나의 영혼아 잠잠히 하나님만 바라라 무릇 나의 소망이 그로부터 나오는도다"(시 62:5)

하늘에 계신 하나님, ○○○ 지체가 주의 풍성한 사랑을 힘입어 성공적인 삶을 살게 하셨으니 하나님을 찬양합니다. 하나님을 부르며 함께 주를 경외함으로 예배하게 하옵소서.

홍수로 세상을 심판하실 때, 노아를 찾아오셔서 방주를 짓게 하셨던 은혜를 저희들도 경험하게 하옵소서. 이 세상을 향하신 하나님의 일에 저희들이 쓰임받게 되기를 원합니다. 오직 여호와의 영광만을 바라고 사는 지체와 가족들이 하나님의 도구가 되는 복을 주옵소서. 노아가 여호와께 은혜를 입었던 것처럼 ○○○ 지체가 하나님 앞에서 의롭고 완전한 자로 준비되게 하옵소서.

영광을 받으시는 하나님, 하나님 앞에 무릎을 꿇고 회개하며 영광을 드립니다. 간절한 마음으로 하나님께 예배를 드리오니 받아 주옵소서. 머리를 숙인 저희들이 여호와 앞에서 영원히 성민이 되게 하옵소서. 은혜와 진리의 말씀을 받게 하시니 감사드립니다. 목사님을 통해 이 가정에 복을 주시고, 위로하시는 하나님의 음성을 듣게 하옵소서.

어지러운 세상에서 믿음으로 열심히 살아가는 이 가정에 은혜로 충만하게 하옵소서. 고통받는 세상에서 원통한 일이 많지만 이 가정에는 원통함이 없고 주님께서 모든 일을 해결해주시니 감사를 드립니다. 성령님께서 충만히 임하셔서 이 가정의 문제를 해결해 주옵소서.

인자하신 주여, 구속의 은총으로 저희들이 예수 안에서 하나님의 의가 되게 하심에 감사드립니다. OOO 지체가 의로움과 거룩함과 구속함이 되신 예수님을 즐거워하며 살아가도록 도와주옵소서. 우리 주 예수님의 이름으로 기도드립니다. 아멘.

새신자 가정축복

6. 악한 일에서 건져내시는 주

"주께서 나를 모든 악한 일에서 건져내시고 또 그의 천국에 들어가도록 구원하시리니 그에게 영광이 세세 무궁토록 있을지어다 아멘"(딤후 4:18)

소망을 주시는 여호와여, ○○○ 지체의 가정에 복을 주시는 하나님이 하늘의 이슬과 땅의 기름진 것들로 채워주시니 감사드립니다. 날마다 풍성한 은혜와 물질로 ○○○ 지체의 가정에 채워주시는 주님을 찬양합니다.

기쁘고 복된 날, 이 가정에 ○○○ 지체로 인하여 기쁨을 주시니 감사를 드립니다. 전능하신 하나님의 특별하신 계획으로 이 가정을 이끌어 주옵소서. 이 땅에서의 삶을 주시고 ○○ 교회의 새신자로 등록케 하셨으니 하늘의 은총으로 넘치게 채워 주소서.

구원의 은혜와 의롭다하신 사랑에 감사하면서 경배드리기 원합니다. 오직 하나님만이 예배를 받으옵소서. 우리의 모든 정성과 사랑을 모아 예배하기 원합니다. 말씀을 준비하신 목사님께 성령으로 감동해 주옵소서. OOO 지체 가정의 지체들을 먹이시는 하나님의 은혜가 말씀으로 주어지기 원합니다. 함께 한 저희들에게도 하늘의 위로를 받는 말씀이 되기를 소망합니다.

이 시간, 예루살렘으로 들어오신 주님을 맞이했던 이들의 마음을 저희들도 갖기 원합니다. 나귀를 타신 주님을 보자 무리가 겉옷을 길에 펴고, 나뭇가지를 베어 길에 깔았듯이 예배를 통해서 이 자리에 함께 하시는 주님을 맞는 마음을 주옵소서. 주의 이름을 높이며 찬송을 부르기를 원합니다. 이 시간에 부요케 하시는 하나님의 손길을 구합니다. OOO 지체의 가정을 택하시고 복되게 하셨으니 은혜가 넘치게 하옵소서. 신령한 은혜와 필요한 물질을 넉넉하게 하옵소서. 우리 주 예수님의 이름으로 기도드립니다. 아멘.

새신자 가정축복

7. 거룩함에 이르는 열매

"그러나 이제는 너희가 죄로부터 해방되고 하나님께 종이 되어 거룩함에 이르는 열매를 맺었으니 그 마지막은 영생이라"(롬 6:22)

이 가정을 사랑하시는 하나님, ○○○ 지체와 가족에게 복을 주사 번성하게 하신 여호와의 이름을 높여드립니다. 이 가정에 은혜를 베푸시니 감사를 드립니다.

사람들이 교만하여 탑을 쌓을 때 하나님께서 간섭하셨듯이, 이 시간에 하나님께서 은혜로 이 가정을 간섭하시고 도우시기를 소망합니다. 저희들이 어리석어 범죄할 때 막아주시고, 하나님의 영광을 나타내도록 간섭해 주옵소서. 여호와의 특별한 은총이 이 가정에 임하길 소원합니다. 이 가정에 준비하신 복을 넘치도록 부어 주옵소서.
만유의 주 여호와여, 주님의 이름으로 하나된 지체들이 온 마음과 정성을 모아 예배드리려 합니다. 찬양을 드릴 때 홀로 하나님만이 영광을 받으시기 원합니다. 주님의 이름에 합당한 영광을 돌리게 하옵소서. 진리를 알지 못하고 방황하는 자가 위로를 받게 해주옵소서.

사탄을 대적하시는 주여, 하나님의 사랑을 찬양하며 지내는 성도님에게 사탄이 틈타지 못할 것을 믿습니다. 죄에서 구원받아 의의 자녀가 되었으니 주님께서 기뻐하시는 일을 하며 성령의 열매를 맺게 하옵소서. 다시는 마귀에게 종노릇하지 않게 하옵소서. 오직 주 안에서 믿음의 삶을 살도록 이끌어 주옵소서. OOO 지체가 오늘까지 하늘의 복으로 살아오게 하셨음에 감사드립니다. OOO 지체의 수고가 헛되지 않고 축복을 받게 하옵소서. 삼십 배, 육십 배, 백 배로 돌려 받는 은혜를 누리게 하소서. 우리 주 예수님의 이름으로 기도드립니다. 아멘.

새신자 가정축복

8. 더러운 것에서 자신을 깨끗하게

"그런즉 사랑하는 자들아 이 약속을 가진 우리는 하나님을 두려워하는 가운데서 거룩함을 온전히 이루어 육과 영의 온갖 더러운 것에서 자신을 깨끗하게 하자"(고후 7:1)

복을 누리게 하시는 하나님, 주 안에서 OOO 지체의 가족이 여호와를 바라는 중에 풍성케 하셨으니 그 이름을 높여드립니다. 하나님께서 사랑하시는 OOO 지체의 가정에서 기쁨으로 예배하게 하옵소서.

주님의 보혈의 은혜가 이 가정에 흐르게 된 것에 감사드립니다. 이 가족을 사랑하시는 은혜가 임하여 풍족히 먹게 하시고, 날마다 놀라운 일을 행하신 하나님을 즐거워하게 하옵소서.

우리의 주 하나님, 하나님의 크신 손에 있는 온 땅

이 주님의 영광을 드러내기를 원합니다. 목사님께서 저희들에게 하나님의 말씀을 전하시도록 이끌어 주시기 원합니다. OOO 지체와 권속들에게 하나님의 음성을 듣는 은혜의 시간이 되게 하소서. 주님 안에서 영생을 얻은 저희들이 말씀을 사모하는 은혜를 주옵소서. 이 시간, 성령님께서 저희 마음에 충만히 임하셔서 진리를 사모하게 하시고, 들은 말씀에 순종하여 살도록 인도해 주옵소서.

모든 것에 넘치게 하시는 주여, 율법의 저주에서 성도님을 속량해 주셨음에 감사합니다. 구속받은 하나님의 은혜 안에서 성도님이 풍성한 삶을 살게 하옵소서. 여호와의 속량을 통해서 죄와 사망과 저주에서 놓여남을 믿습니다. 이 가족이 땅의 것은 하나님께 맡기고 오직 주님을 영화롭게 해드리는 삶을 소망하게 하옵소서.
옛 사람의 행실을 버렸으니 하나님의 일에 소망을 품게 하시며, 하늘로부터 보내심을 받은 자로 살게 하옵소서. 우리 주 예수님의 이름으로 기도드립니다. 아멘.

기도하지 않는 자

9. 기도하고 낙심하지 말라

"예수께서 그들에게 항상 기도하고 낙심하지 말아야 할 것을 비유로 말씀하여"(눅 18:1)

만왕의 왕이신 하나님, 영생의 복을 받은 지체가 저희와 함께 하나님의 뜻을 찾는 삶을 살기 원합니다.

저희들이 하나님의 사람이 되면서 교회에 속하게 하셨음을 감사합니다. 사랑하는 OOO님이 교회를 통해서 은혜를 맛보게 하시고, 동역자들의 사랑과 기도를 통해서 신령한 삶을 알게 하옵소서. 교회를 가까이 하여 주님의 몸에 동참하게 하시고, 거룩한 지체에 대한 소원을 품게 하옵소서.

예배를 받으시는 주여, 저희들을 돌보아주신 은혜를 기뻐하며 예배를 드립니다. 이 예배를 통하여 영광을 받으시고 저희들을 신령하게 세워주시기 원합니다. 말씀을 전하실 때 하나님의 능력과 은혜를 주옵소서.

○○○님이 여호와의 말씀으로 힘을 얻기를 소망합니다. 항상 하나님의 뜻에 먼저 주의를 기울이게 해 주옵소서. 교회를 통해 이루시는 하나님의 일에 마음을 두게 하옵소서. 한 몸된 형제자매들을 섬기면서 주님의 일을 이루는 은혜를 받기를 원합니다.

긍휼이 많으신 주여, 존귀하게 선택된 ○○○님이 하나님을 믿는 믿음으로 살아가게 하옵소서. 하나님의 자비로 구원에 이르렀으니 하나님의 사랑을 이웃에게 베푸는 삶을 살게 하옵소서.

생명의 말씀에서 마음을 떠나지 않게 하옵소서. 진리의 말씀으로 기도하게 하시고, 그 약속을 받아 누리는 종이 되게 하옵소서. 마음을 다하여 주님을 사랑하게 하시고 보이는 것에서 심령의 만족을 구하지 않게 하옵소서. 예수님의 이름으로 기도드립니다. 아멘.

가정의 평안

10. 우리가 섬기는 하나님 여호와

"백성이 여호수아에게 말하되 우리 하나님 여호와를 우리가 섬기고 그의 목소리를 우리가 청종하리이다 하는지라"(수24:24)

복을 주시는 하나님, 주님의 이름으로 심방한 복된 시간에 ○○○님이 하나님 앞에서 살아가기를 소망합니다.

저희들과 ○○○님이 주님을 최고로 모시게 해주옵소서. 하나님의 말씀을 소중히 여기며 권위에 합당한 영광을 나타내게 하옵소서. 성령님의 충만하신 은혜를 받고 풍성하게 살아가게 하옵소서.

심방을 통해서 저희가 신령과 진정으로 예배드릴 수 있기를 원합니다. 저희들의 연약한 손을 잡아 일으켜 주소서. 그리하여 저희들의 심령이 새로워지고 믿음이 견고하여지기를 원합니다. 주님의 말씀을 생명의 양식으로 받아 심령이 배부르게 하소서. 그 말씀으로 새 생명을 얻은 기쁨을 주옵소서. 여호와께서 복이 있는 가정으로 삼아주셨음에 감사드립니다. 이 집안을 향한 하나님의 계획이 나타나 ○○○님과 가족들이 예수님의 영광을 보며 살아가게 하옵소서. 이 가정이 하나님께 예배드리며 기도의 응답을 보는 복된 터가 되게 하옵소서. 진리의 말씀에 순종하고 하나님을 영화롭게 해드리는 삶을 살아가게 하옵소서.

안전히 거하게 하시는 여호와여, 지체 안에서 기쁘신 뜻을 위해 소원을 두고 행하게 하시는 하나님을 바라봅니다. ○○○님이 하나님의 은혜로 평안을 누리게 하옵소서. 평강의 복이 이 가정에 흘러 넘치게 하옵소서.
존귀하게 택하심을 받은 ○○○님이 희락으로 열매를 맺는 삶을 살게 해주옵소서. 죄를 용서받고 구원을 얻은 기쁨이 삶에 가득하길 원합니다. 하나님의 자녀로서 천국을 소망하는 삶을 살게 하옵소서. 예수님의 이름으로 기도드립니다. 아멘.

5. 대학·청년부 예배
중보기도와 특별기도문

1. 비전을 위한 기도 (학업, 취직 등)

"이 일 후에 내가 보니 각 나라와 족속과 백성과 방언에서 아무도 능히 셀 수 없는 큰 무리가 나와 흰 옷을 입고 손에 종려 가지를 들고 보좌 앞과 어린 양 앞에 서서 큰 소리로 외쳐 이르되 구원하심이 보좌에 앉으신 우리 하나님과 어린 양에게 있도다 하니"(요한계시록 7:9,10)

참 좋으신 하나님, 하나님을 알고 만나는 시간을 갖는 것이 참 기쁩니다. 젊은 나이에 주님을 알게 해주신 은혜를 감사드립니다. 주님, 한 살 한 살 먹어 갈수록 믿음이 더 많이 성장되게 하소서.

주님, 저희 청년들이 어려움 가운데 담대할 수 있기를 기도합니다. 취직이나, 진로의 막연함 속에서도 주님을 기대하게 하소서.
현재를 보지 말고 주님이 주신 큰 꿈을 보게 하소서. 살아 계신 주님을 의지하며 모든 걱정과 근심은 주님 앞에 내려놓게 하소서.

비전을 향해 나아가는 모든 과정을 주님께 맡기게 하소서. 세상과 사람들을 의지하지 말게 하시고 주님만을 의지하게 하소서. 눈물로써 기도하게 하시고, 주님이 주신 힘을 의지하게 하옵소서. 주님께 쓰임 받는 저희들의 모습을 기대합니다.

오늘도 귀한 예배를 허락해 주신 은혜 감사드립니다. 이 예배 가운데 함께해주셔서 저희들의 마음을 주관하여 주소서. 귀하신 말씀을 전해주실 목사님을 축복해 주소서.

매일 매일의 삶 가운데서 주님의 동행을 깨닫게 하소서. 가정에 평안을 지켜주시고, 건강을 지켜주시기를 기도드립니다. 이 시간이 온전히 주님께 순종하는 시간이 되기를 원합니다. 겸손하게 순종하는 시간이 되게 하소서.

예배를 통해 저희들을 향한 주님의 참 뜻을 발견하기를 기도합니다. 예수님의 이름으로 기도드립니다. 아멘.

2. 시간관리

"그런즉 깨어 있으라 너희는 그 날과 그 때를 알지 못하느니라"
(마태복음 25:13)

참 좋으신 하나님, 저희에게 참 좋은 날들을 허락해주신 은혜를 감사드립니다. 주님이 주신 많은 시간들이 늘 감사와 기쁨으로 가득하기를 소망합니다.

주님께서 주신 시간을 귀하게 여기지 않았던 모습을 회개합니다. 내게 주어진 시간이 주님의 선물이라는 것을 기억하게 하소서. 그리고 현재에 감사하며 최선을 다하여 살게 하소서. 기쁨을 누리는 삶이 되게 하시고, 늘 주님으로 행복한 하루하루가 되게 하소서. 오늘에 감사하고, 내일에 감사하게 하소서. 매 순간 속에서 숨어있는 행복을 발견하는 삶이 되기를 기도드립니다.

오늘 예배를 허락해주신 크신 은혜 감사드립니다. 저희들의 모든 생각과 마음을 내려놓고, 주님만을 바라는 시간이 되게 하소서.
주님의 소망이 저희들이 소망이 되게 하시고, 주님 안에서의 참 기쁨, 참 평안을 누리는 시간이 되기를 소망합니다.

주님, 오늘도 귀한 말씀을 전해주실 목사님께 은혜를 부어주옵소서. 목사님께서 말씀을 전하실 때 그 말씀으로 많은 이들이 변화되고 도전받게 하소서. 예배를 주관하여 주시고, 인도하여 주실 주님을 기대하고 소원합니다. 예수님의 이름으로 기도드립니다. 아멘.

3. 돈이 없어도
   부족함이 없는 그리스도인의 삶

"우리가 무슨 일이든지 우리에게서 난 것 같이 스스로 만족할 것이 아니니 우리의 만족은 오직 하나님으로부터 나느니라"(고린도후서 3:5)

참 좋으신 하나님, 세상 만물을 아름답게 창조해 주신 은혜 감사드립니다. 주님께서 저희들에게 허락해주신 모든 것에 감사하는 삶이 되게 하소서.

주님의 넘치는 은혜 속에서도 만족하지 못했던 저희들의 모습을 회개합니다. 저희가 세상의 물질과 돈만을 사랑하였음을 고백합니다. 그러하기에 항상 만족하지 못했습니다.
우리가 추구해야 할 것이 무엇인지 다시 한 번 기억하게 하소서. 저희 안에서 역사하시는 주님의 능력을 기억하게 하소서. 전능하신 주님 안에만 참 만족과 기쁨이 있다는 사실을 깨닫게 하소서. 주님의 은혜로 부족함이 없음을 깨닫는 삶이 되게 하소서. 더욱 주님을 알게 되기를 기도드립니다.

주님, 오늘도 예배를 드릴 수 있도록 인도해주신 은혜 감사드립니다. 주일은 무엇과도 타협하지 않는 저희가 되도록 마음을 주관하여 주소서. 돈으로는 살 수 없는 참 기쁨, 평안을 누리는 시간이 되게 하소서.

저희들이 주님을 만나는 시간이 되게 하소서. 그 속에서 근심, 걱정 모두 모두 내려놓을 수 있게 하소서. 온전히 주님께만 집중하는 시간이 되게 하소서. 주님과의 깊은 교제가 이뤄지도록 성령 충만함을 허락하여 주소서.

말씀 전하여 주실 목사님을 축복하여 주시고, 영육간의 강건함을 허락하여 주소서. 가정 속에서 사랑과 은혜가 넘치게 하여 주소서. 오늘의 예배를 모두 주님께 맡깁니다. 예배를 주관하여 주옵소서. 예수님의 이름으로 기도드립니다. 아멘.

4. 배우자 기도

"아담이 이르되 이는 내 뼈 중의 뼈요 살 중의 살이라 이것을 남자에게서 취하였은즉 여자라 부르리라 하니라 이러므로 남자가 부모를 떠나 그의 아내와 합하여 둘이 한 몸을 이룰지로다" (창세기 2:23,24)

참 좋으신 하나님, 남자와 여자를 만드시고, 서로가 사랑하게 하신 은혜 감사드립니다. 주님의 뜻 안에서 서로를 사랑하고 이해하게 하소서. 하나가 되게 하소서.

주님, 여기 모인 젊은이들이 모두 주님 안에서 사랑을 할 수 있기를 기도드립니다. 사랑 앞에서 지혜가 부족하였음을 고백합니다. 세상의 가치관과 기준에 따라 저희도 상대방을 바라보았습니다. 저희의 못난 모습 용서하여 주시고, 주님의 뜻 안에서 사랑하게 하옵소서. 주님, 사랑함에 지혜를 허락하여 주소서. 세상의 방법이 아닌, 주님의 방법으로 알고 그 방법으로 사랑하게 하소서. 기도로 배우자를 준비하게 하시고, 순종함과 인내로 기다리게 하소서. 사랑을 하는 중에도 서로를 우상으로 만들지 않게 하소서.

사랑이 얼마나 귀한 것임을 알게 하시고, 사랑함에 있어 무례하거나 성내지 않게 하소서. 주님께서 주신 사랑을 상대에게 주기를 소망합니다.

오늘의 예배를 허락해주신 은혜 감사드립니다. 풍성한 주님의 은혜가 넘쳐 나기를 기도드립니다. 여기 모인 이들이 모두 주님의 은혜를 경험하는 시간이 되게 하소서. 주님의 참 평안 안에서 안식하게 하소서. 주님의 참 사랑을 발견하는 시간이 되게 하소서. 그 사랑이 가정 안에서, 사랑하는 사람과의 관계 안에서 이뤄질 수 있도록 하소서. 말씀으로 인도해주실 목사님께 은혜를 더하여 주옵소서. 오늘 말씀을 통해서 하나님의 마음을 깨닫고 참 사랑을 깨닫는 시간되게 하소서. 주님의 지혜와 사랑이 함께하는 예배가 되기를 기도드립니다. 예수님의 이름으로 기도드립니다. 아멘.

5. 직장 내 인간관계

"모든 사람과 더불어 화평함과 거룩함을 따르라 이것이 없이는 아무도 주를 보지 못하리라" (히브리서 12:14)

참 좋으신 하나님, 좋은 직장을 허락해주셔서 감사드립니다. 쓰임 받고 있음에 감사하는 하루하루가 되게 하소서.

직장의 모든 일은 주님께서 허락하신 일임을 깨닫게 하소서. 성실함과 열심으로 감당하게 하시고, 주님을 섬기듯 하게 하소서.
주위의 사람들을 주님께서 만나게 하신 것으로 알고, 귀하게 여기며 섬기게 하소서. 사랑으로 화합하게 하시고, 섬김으로 함께하게 하소서. 주님을 믿는 마음으로 서로를 믿고 의지하는 공동체가 되게 하소서.
직장 내에서 그리스도의 향기가 드러나도록 저희

들을 붙들어 주소서. 예수님의 사랑을 전하는 제자로서의 삶을 살 수 있도록 기도드립니다.

오늘도 예배 자리에 저희들을 불러주신 은혜 감사드립니다. 주님, 저희들이 무엇을 하든지 주일만은 꼭 지킬 수 있게 하소서. 직장 일과 예배 가운데 고민하는 청년들이 있습니다. 주일은 어떤 것과도 타협하지 않아야 함을 깨닫게 하소서.
온전히 주님께 순종하는 삶을 살기를 기도드립니다. 인간적인 생각은 내려놓고, 온전히 주님께 맡기는 시간이 되기를 기도드립니다.

오늘도 귀한 말씀을 전해주실 목사님을 허락해주신 은혜 감사드립니다. 전하시는 말씀 안에서 주님의 깊으신 뜻을 발견하는 시간이 되게 하소서. 주님의 은혜와 사랑이 함께 하는 예배가 되도록 이 예배를 주관하여 주소서. 예수님의 이름으로 기도드립니다. 아멘.

6. 교회 내 인간관계

"만일 한 지체가 고통을 받으면 모든 지체가 함께 고통을 받고 한 지체가 영광을 얻으면 모든 지체가 함께 즐거워하느니라 너희는 그리스도의 몸이요 지체의 각 부분이라" (고린도전서 12:26,27)

참 좋으신 하나님, 날마다 사랑과 은혜로 채워주시는 은혜에 감사드립니다. 또 감사드리는 것은 믿음의 공동체로 저희들을 인도해주셔서 감사드립니다. 이곳에서 주님의 사랑을 배우고, 나눌 수 있음이 기쁨입니다.

주님, 이 기쁨을 늘 누릴 수 있기를 기도드립니다. 모두가 이 참 기쁨을 누리도록 주님이 도와 주옵소서. 주님을 사랑하듯 서로가 사랑하게 하시고, 진실로 사랑하게 하소서. 인간적인 생각이 아닌 말씀 가운데 하나가 되게 하소서. 주님께서 주신 인연을 소중히 여기며 가꿔갈 수 있기를 기도드립니다. 서로의 어려움을 돌아보게 하시고, 내 일처럼 여기고 돕게 하소서.

저희 교회가 예수님의 사랑이 살아 넘치는 교회되기를 기도드립니다. 교회에 갈등의 문제도 있습니다. 갈등 안에서는 답을 찾을 수 없음을 깨닫게 하소서. 섬겨주길 기다리기보다 내가 먼저 섬기게 하소서. 사역의 결과보다 과정 속의 화합을 가장 먼저 생각하게 하소서. 관계의 많은 갈등 속에서 주님만을 온전히 의지 할 수 있게 하소서.

주님, 오늘도 귀한 예배를 허락해주신 은혜 감사드립니다. 몸과 마음이 아픔과 고통 가운데 있는 이들이 있습니다. 그들을 위로하시고, 아픔을 만져주시며, 치유하여 주소서. 주님의 체온을 느끼는 예배가 되도록 하옵소서. 저희들을 주님 곁으로 더욱 가까이 인도해주실 목사님을 축복하여 주소서. 매 순간 순간의 삶 가운데 성령 충만함과 강건함을 허락하여 주소서. 모든 가정 안에 평안과 은혜가 가득 넘쳐나기를 기도합니다. 오직 주님의 뜻만이 드러나는 예배가 되기를 기도드리며, 예수님의 이름으로 기도드립니다. 아멘.

7. 새벽기도

"너희가 내게 부르짖으며 내게 와서 기도하면 내가 너희들의 기도를 들을 것이요" (예레미야 29:12)

참 좋으신 하나님, 오늘도 새벽에 저희를 인도하여 주시니 감사드립니다. 주님의 은혜 안에 거하게 하소서. 간구하게 하시며 그 모든 것에 응답하실 주님만을 기대합니다.

주님, 저희의 모든 잘못을 회개하는 시간이 되게 하소서. 죄를 회개하고 진정 주님의 마음으로 기도하는 시간이 되게 하소서.

여기서 기도하는 모든 이들의 기도에 귀 기울여 주시길 소망합니다. 병에 시름하는 자를 고쳐주시고, 마음에 시름하는 자를 위로하여 주소서.
근심하는 자의 짐을 덜어주시고, 마음이 공허한

자에게는 친구가 되어 주소서. 소망하는 모든 것에서 주께서 역사하여 주시고, 만져주시고, 변화시켜주시고, 치유하여 주소서. 주님의 모든 은혜가 기도하는 모든 이들에게 함께하기를 소망합니다.

이른 새벽부터 말씀을 선포하시는 목사님을 축복하여 주소서. 매일 새벽을 준비하시는 목사님께 건강을 허락하여 주시기를 기도드립니다.
목사님께서 전해주실 말씀에 귀를 기울이게 하시고, 그 말씀을 붙잡고 하루를 살게 하소서. 말씀 속에서 주님의 뜻을 발견하는 시간이 되기를 기도드립니다. 예수님의 이름으로 기도드립니다. 아멘.

8. 말씀 묵상 (큐티)

"이 율법책을 네 입에서 떠나지 말게 하며 주야로 그것을 묵상하여 그 안에 기록된 대로 다 지켜 행하라 그리하면 네 길이 평탄하게 될 것이며 네가 형통하리라" (여호수아 1:7)

참 좋으신 하나님, 매일의 삶을 말씀으로 붙잡아 주심에 감사드립니다. 주님의 말씀 안에서 하루하루를 살아가게 하소서.

말씀 묵상에 힘써야 함을 알면서도 게을리 했던 모습을 회개합니다. 하루의 시작을 말씀으로 하게 하소서. 말씀으로 더욱 주님을 알고 주님 안에서 저희의 태도와 마음을 붙잡게 하소서.
주님과의 교제를 통해 하루하루 믿음 안에서 살아가게 하소서.

오늘의 예배를 주관하여 주시고, 이곳으로 인도해 주신 은혜에 감사하게 하소서. 주일을 지킬 수 있는 마음을 주시고 예배를 드릴 수 있게 해주심에 감사드립니다.
오늘 예배를 통해 주님께서만 홀로 영화롭게 되기를 소망합니다. 온전히 주님만 바라고 기억하는 예배가 되게 하소서.

인간적인 마음은 내려놓고 주님만을 의지하도록 성령 충만함을 허락하여 주소서. 예배를 통해 믿음을 더욱 성장하게 하소서. 세상 속에서 믿음으로 살아가기를 기도드립니다. 감사드리며 예수님의 이름으로 기도드립니다. 아멘.

9. 중독 (인터넷 등등...)

"모든 지킬 만한 것 중에 더욱 네 마음을 지키라 생명의 근원이 이에서 남이니라" (잠언 4:23)

참 좋으신 하나님, 매일의 삶을 살아갈 수 있도록 도와주신 은혜 감사드립니다. 삶 속에서 주님과 동행함이 참 기쁨임을 깨닫게 하옵소서. 주님의 보호 안에서만 살아가게 하소서.

주님께서 허락해주신 시간을 참 되게 쓰지 못했던 모습을 회개합니다. 인터넷과 게임으로 많은 시간과 열정을 허비했음을 고백합니다. 주님, 옳지 못한 문화에 중독하지 않기를 기도합니다. 주님 앞에 합당한 모습으로 서기를 결단하게 하소서.
저희들의 마음과 행함을 지켜주시기를 기도드립니다. 주님 안에서 바른 청년으로 성장할 수 있도록 도와주옵소서.

험한 세상 속에서 저희를 인도하시고, 예배를 드릴 수 있게 해주신 은혜 감사합니다. 주님의 뜻에 합당하게 경배 드리는 시간이 되기를 기도합니다.

말씀을 전해주실 목사님을 축복하여 주옵소서. 귀한 말씀을 사모함으로 듣고 마음에 담게 하시고, 말씀에 따라 실천하는 저희가 되기를 기도드립니다. 예수님의 이름으로 기도드립니다. 아멘.

10. 독서 (독서의 중요성)

"게으른 자여 네가 어느 때까지 누워 있겠느냐 네가 어느 때에 잠이 깨어 일어나겠느냐 좀더 자자, 좀더 졸자, 손을 모으고 좀더 누워 있자 하면 네 빈궁이 강도 같이 오며 네 곤핍이 군사 같이 이르리라" (잠언 6:9~11)

참 좋으신 하나님, 늘 삶 속에서 지혜를 주시고, 좋은 길로 인도해주셔서 감사드립니다. 주님의 인도하심을 따라 사는 청년들이 되기를 소망합니다.

주님께서 허락해주신 청춘의 시기를 생각 없이 보냈던 모습들을 회개합니다.
주님, 세상 속에서 뒤쳐지는 삶이 되지 않도록 최선을 다해 준비하게 하소서. 매일의 삶속에서 주님의 말씀으로 무장하게 하시고, 기도로 굳건해지기를 기도합니다. 그리고 늘 말씀과 책을 가까이

하게 하소서. 많은 독서로써 마음도 생각도 더 넓어지기를 소망합니다.

주님, 이 나라에 아직도 주님을 모르는 청년들이 너무나도 많습니다. 그들을 불쌍히 여겨 주소서. 그들의 삶 가운데 주님이 역사하사, 속히 주님 품으로 돌아오게 도와주옵소서. 주님, 그 영혼들을 불쌍히 여겨 주소서.

오늘도 저희를 이 자리에 불러 주신 은혜에 감사를 드립니다. 늘 보호하여 주시고, 선한 길로 인도해주신 주님께 감사하며 합당한 경배를 드리게 하소서.
주님, 늘 귀한 말씀으로 저희들을 일깨워 주시는 목사님을 축복합니다. 저희가 목사님께서 전하시는 말씀을 통해 성령 충만함을 입게 하옵소서. 이 모든 시간들을 통하여 저희를 온전히 붙들어 주실 주님을 소망합니다. 예수님의 이름으로 기도드립니다. 아멘.

대표기도 작성 노트 1

이름 :　　　　　　　　년　　　월　　　일

대표기도 작성 노트 2

이름 :   년   월   일

대표기도 작성 노트 3

이름 :　　　　　　　　　년　　　월　　　일

대표기도 작성 노트 4

이름 :　　　　　　　　년　　　월　　　일

정신일 목사는 오랫동안 청소년과 청년 사역을 통해 젊은이들과 호흡해 온 목회자이다.
하나님이 주신 아름다운 감성으로 대학시절 집필한 〈메시아전쟁〉이라는 단편이 일간스포츠에서 주관한 대중문학상에 입상한 바가 있고, 대학 졸업 후에는 영화 전문잡지 취재기자로, 기독교계통 신문의 칼럼리스트로 활동하기도 했다. 또한 대한예수교 장로회(대신) 여름성경학교 집필위원으로 3년간 교재를 집필하기도 했다.
현재는 크리스천리더출판사와 크리스천리더학교의 대표이며 기쁨의 교회(joy1.co.kr)를 개척하여 즐겁게 목회하는 개척교회 목사이기도 하다.
안양대학교 기독교 교육학을 전공하였고, 동 대학원에서 목회학(M. Div.) 성경학(Th.M)을 전공했다.

주요저서: 「여호수아처럼 뛰어라」, 「청소년공동체 바로세우기 시리즈 1~4권」, 「수험생 100일 큐티」, 「수능큐티」, 「복음큐티」, 「나를 위한 값진 십자가」, 「파워포인트와 그림 시청각설교 시리즈」 등 총 20여종의 저서가 있다.

기쁨의교회(joy1.co.kr) 032) 611-7578
부천시 원미구 중동 1289번지 팰리스 카운티 아이파크 상가 5층